语文教育活动的分析研究

李颖中◎著

中国原子能出版社

图书在版编目（CIP）数据

语文教育活动的分析研究 / 李颖中著 . -- 北京 ：
中国原子能出版社，2022.9
ISBN 978-7-5221-2183-3

Ⅰ．①语… Ⅱ．①李… Ⅲ．①语文教学－教学研究
Ⅳ．①H19

中国版本图书馆 CIP 数据核字（2022）第 191100 号

语文教育活动的分析研究

出版发行	中国原子能出版社（北京市海淀区阜成路 43 号　100048）
责任编辑	张　磊　杨晓宇
责任印制	赵　明
印　　刷	北京天恒嘉业印刷有限公司
经　　销	全国新华书店
开　　本	787 mm×1092 mm　　　1/16
印　　张	12.25
字　　数	210 千字
版　　次	2022 年 9 月第 1 版　　　2022 年 9 月第 1 次印刷
书　　号	ISBN 978-7-5221-2183-3　　　定　价 72.00 元

前 言

新时期语文教育的研究，在弘扬人文精神和科学精神的新文化氛围中，多向度、多层面地开辟着新的领域，给我们展开了一片跃动着时代精神和勃勃生机的新视野。语文教育观念的更新、内容的更新、方法的更新，摒弃了传统的封闭性教学模式，在广阔开放的天地中显现了语文教育发展的生命活力：主体性教育、自主性教学、民主化教学、生活化拓展、最优化追求，以及个性教育、人文教育、创新教育等等，一系列纷纷而来的新的教学理念，就像一枚枚灿烂的探空火箭，冲破传统语文教育观的天幕，在广阔无垠的语文教育天空中探索，找到了建构语文教育理论新结构的可能性。语文教育要又好又快地走上健康发展的大道，并把学生塑造成创造性人才和"健全的人格"，即促使学生探索品质的养成、道德意识的觉醒和自由心灵的建构，就应当而且必须谋求语文教育中国化的方向，也就是在语文教育中摒弃那种忽视学生读、写、听、说能力训练的想法和做法，从而回归"本色语文"；在语文教育中摒弃那种把简单问题搞繁复、弄杂乱的想法和做法，从而崇尚"简约语文"；在语文教育中摒弃那种以强调理性因素为主的认识主义占绝对统治地位的想法和做法，从而构建"和谐语文"。

本书共六章，第一章为浅谈语文教育，分别介绍了语文教育的出现、从语用观到语文教育、以"史"为鉴的语文教育；第二章为文化与语文教育，分别介绍了文化与语文教育、地域文化与语文教育、网络文化与语文教育、创新文化与语文教育；第三章为语文教育设计与应用，分别介绍了语文教育设计、语文教育的纵向设计、语文教育的横向设计；第四章为语文教育评价与应用，分别介绍了语文教育评价概述、经验型语文教育评价、定量型语文教育评价、质性语文教育评价；第五章为语文教育生活化，分别介绍了语文教育与生活世界的关系、生活化教学方式的相关探索、语文教育生活化唤起文化意识的觉醒；第六章为语文教育心理学概述，分别介绍了语文教育心理学概述、阅读心理与阅读教学、写作心理与写作教学、听说心理与口语交际教学研究。

在编写本书的过程中，编者得到了许多专家学者的帮助和指导，参考了大量的学术文献，在此表示真诚的感谢。本书内容系统全面，论述条理清晰，但由于编者水平有限，疏漏之处在所难免，希望广大读者予以指正。

作者

目录

第一章 浅谈语文教育

第一节 语文教育的出现

"语文教育"是指有关语文这门学科的一切教育活动。语文教育概念的出现最早以清政府颁布并施行《奏定学堂章程》为标志。自此以后，"语文"先后经历了三次重大变革：最初于 1912 年，蔡元培为体现民主共和的资产阶级革命精神，而取消了当时中小学课程中的读经、讲经科，并将语文科目改称为"国文"；其后在 1920 年，北洋政府宣布自秋季起，中小学国文科逐步采用白话文，且小学要改称"国语"；直到 1949 年，前华北人民政府教科书编委会决定将"国文"统一为"语文"。语文教育即以语文这一学科为对象来开展的教育活动。

一、语文教育的概念

语文教育是一项关于祖国语言的教育活动，祖国语言负载着国家与民族的行为方式、思想情感，传承着绵延不息的文化，因而具有深刻的底蕴。此处所说的"祖国语言"特指作为中华民族通用语的汉语。语文教育既包括语言和文字本身，也包括其所涉及的文化、思想、情感等方面的教育。

二、语文教育的基本形态

语文教育是一个系统，其中，学校语文教育是语文教育的主体，家庭语文教育、社会语文教育则是语文教育的重要组成部分。

（一）家庭语文教育

家庭语文教育是个体接受语文教育的起点，父母及其他家庭成员往往是一个人最早的语文教师。从学说话的那一刻起，人们便已经开始接受语文教育，然而这种语文教育具有明显的随意性，表现为语言环境宽松、形式活泼、没有学习压力、对语言规范不够重视等。在家庭语文教育环节中，家庭成员的文化水平、所处区域的语言特点均会对个体产生重要影响。

（二）社会语文教育

社会语文教育主要是通过熏陶、感染的方式来对个体产生潜移默化的影响。语言是信息传播的主要载体，也是人们在传播信息时最常借助的手段与工具。我国地域辽阔、方言众多，身处不同区域的人们在用词、造句、发音、语言风格等方面都呈现出不同的特点，而这也都会给身处该环境中的个体带来无形的影响。此外，社会又是在不断发展着的，在不同的历史时期，会不断涌现新的词汇、句法，也会伴随着旧的词汇、句法的消失。因此，社会语文教育也具有鲜明的动态性。

（三）学校语文教育

学校语文教育是一种通过有计划、有目的地传授语文知识的手段，来培养学生的语文能力、提升学生语文素养的教育形式。学校语文教育是一种具有规范性的教育，即使是课外语文活动，也是有组织、有规范的。学校语文教育一方面能够弥补家庭语文教育、社会语文教育的不足；另一方面又由于其自身存在一定的封闭性，而难免有脱离生活、脱离社会的潜在弊端。

（四）三种形态的关系

作为个体能接触到语文教育的渠道有三种，家庭语文教育、社会语文教育、学校语文教育。三者因有其各自明确的性质、结构特点和教育方式，而整体呈现出相互协调、相互促进的关系。对于个体而言，这三种教育形态在人成长的不同阶段所发挥的作用是存在显著差异的，比如人在 0~6 岁时，受家庭语文教育的影响是最明显的；而在学生求学阶段，学校语文教育发挥着最主要的作用；当学生离开校园、步入社会后，则主要受到社会语文教育的影响。

三、语文教育的目标

语文教育的目标最终由三个要素构成：一是应培养学生的语言文字应用能力（即语用能力），这是语文教育的基本目标；二是要提高学生的语言文字素养，这是语文教育的核心目标；三是促进人的全面发展，这是对语文教育目标的全面升华。

（一）培养语言文字运用能力

培养学生运用语言文字的基本能力，这是语文教育的基本目标，也是语文教育的"语用目标"。语文教育的语用目标主要由语言文字应用的基本能力、语言文字应用的思维能力以及语言文字应用的审美能力三部分构成。

1.语言文字应用的基本能力

语文教育的首要任务就是培养学生在听、说、读、写等方面的语言文字应用基本能力，这也是语文教育必须把握的基本目标。此外，随着当前国际交往活动的日益频繁，拓宽语文教育的国际视野、加强对汉语言文字翻译的训练，也开始逐渐成为需要重视的新的语用目标。

语言文字的应用来源于生活，语言文字的应用也只有在生活中才能养成。因此，语言文字应用能力的教学与训练必须与生活相联系，语文教师则要从语文生活观的认识出发，来把握语文教育的语用目标。

2.语言文字应用的思维能力

语言文字应用的过程是思维的过程。思维能力是指人们间接认识事物本质规律的能力，其主要包括形象思维能力、灵感思维能力、批判与创造思维能力等，可以借助语言对观察、记忆、想象等能力起到调节作用。

培养思维能力是汉语言文字特点与语言文字应用本体的内在规定。汉语言文字所具备的形象性、情感性、审美性等特征决定了其能够为人们提供广阔的想象空间，而汉语言文字的表意灵活性也有利于多层次的语用思维的发展。

思维能力的强弱与语用学习的质量有着直接的关系，而语言能力的形成也与思维能力的发展密不可分。因此，要想达到语文教育的语用目标，就必须将语言文字应用的教学与思维能力培养结合起来，同时将思维能力训练作为语言文字应用目标构成的重要方面。

3. 语言文字应用的审美能力

语言文字应用的过程同样是审美的过程。语言文字应用的训练与审美能力的培养是融于一体的，语文教师应当在重视语言文字应用训练的同时，加强对学生审美能力的培养，使学生的思想、情感、意志朝着更加深远的方向发展。只有将语言文字应用训练与审美能力培养融于一体的教学，才是高质量且富有生命力的教学。

从当前的语言文字应用教学现象来看，审美能力的培养与语言文字应用教育的深化是相互促进、互为依托的关系。在教学过程中，教师如果能从不同的审美角度与审美层面引导学生对所学内容进行深入分析与理解，那么不仅有利于提升学生的审美能力，还有助于推动学生从表层的体味感知转向深层的领域理解，进而深化语言文字应用教育，提高语言文字应用教学的效率与质量。

（二）提高语言文字素养

提高学生的语言文字素养是语文教育的基本立足点与出发点，这是因为良好的语言文字素养是学好其他学科的基础，同时也是学生实现终身发展、全面发展的前提。判断学生是否具备良好的语言文字素养，首先要看学生是否对语言文字的应用形成了较为扎实的基础，是否做到了能说会道、善读会写，是否具备能够满足生活需求与社会要求的语言文字应用能力。

语言文字素养主要由语文知识素养、实用文章素养、文学艺术素养、语言文化素养四部分构成。

1. 语文知识素养

语文知识包含的内容十分丰富，大体上可以概括为语言基本知识、阅读基本知识、写作基本知识、语用（语言文字应用）基本知识四个部分，具体如图1-1-1所示。

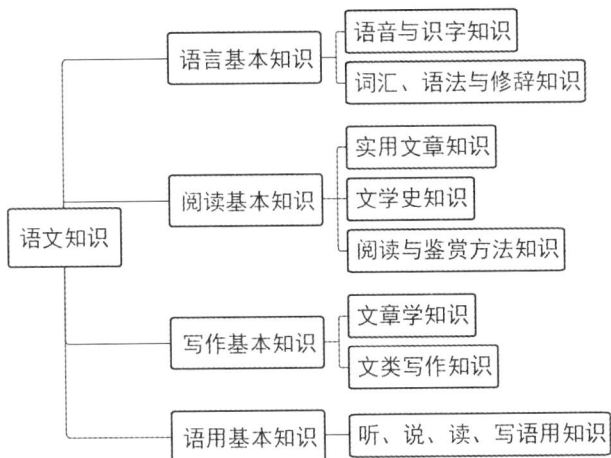

图 1-1-1 语文知识的内容

判断学生是否获得了良好的语文知识素养，通常可从以下几个方面着手：第一，学生是否掌握了有关语言文字的基本知识；第二，学生能否在实践中运用相关知识从事听、说、读、写等活动；第三，学生是否掌握了语言文字运用的基本规则，如遣词造句的技巧、表情达意的方式等。

2. 实用文章素养

实用文章素养是指学生对记叙文、议论文、说明文、应用文等常见的实用性文章的读写能力，它主要包括实用文章阅读能力、实用文章写作能力两部分内容，具体如图 1-1-2 所示。

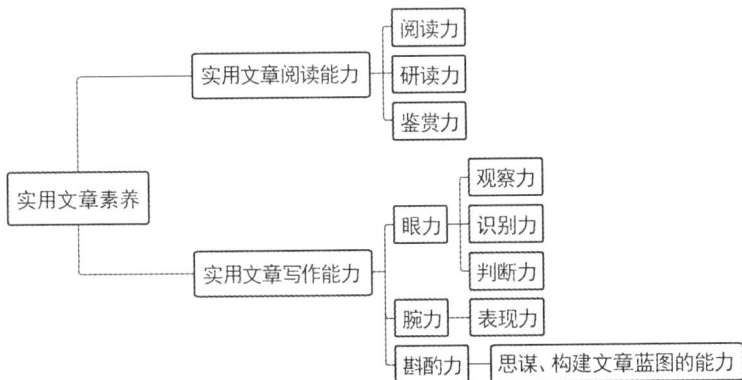

图 1-1-2 实用文章素养的内容

培养良好的阅读与写作习惯是提高实用文章素养的重要途径，它要求学生既要把握"阅读"的行为规律，也要研究"写作"的实践技能，不能只针对某一篇文章来谈文章的读与写，而要从文章整体阅读与写作的流程来对其进行研究。

3. 文学艺术素养

文学艺术素养主要表现为对文艺作品进行阅读与鉴赏的能力。培养学生的文学艺术素养，旨在达成以下三个目标：第一，把握文艺作品解读的基本特点与规律；第二，从多元化的角度诠释、评价文艺作品，进而深入体会文本所营造的形象世界、情感世界、意义世界；第三，理解文艺作品的多层次结构，体会含义丰富的词句与精彩的语言表现力，从而感悟文艺作品的艺术魅力。

需要注意的是，在中小学语文教育教学过程中，教师既要将文学艺术素养的培养视作语文教育不可或缺的重要组成部分，同时也要注意遵循语文教育的语言文字应用规律，切忌将中小学的语文课变成大学的文学课，脱离语言文字应用训练进行纯文学性分析，更要避免出现文学分析凌驾于语言文字应用教学之上的现象。

4. 语言文化素养

语言文化素养反映的是一个民族的文化积淀与语言文化的底蕴。语言是民族文化的衍生物，学生在语文教育情境下所进行的语言文字应用知识积累、学习等活动，在本质上也是一个对文化进行传递、选择与创新的过程。保持语言与文化的统一是语文教育固有的内涵，开展语言文化素养教育则是语文教育必须承担的一项重要任务。

（三）促进人的全面发展

促进人的全面发展是教育的终极目标，同时也是语文教育的现实追求之一。所谓"全面发展"主要包括两层含义：一是具备知识、文化、能力等素养；二是要拥有健全的人格与健康和谐的精神世界。近年来，无论是政府提出的素质教育战略，还是国家倡导的"立德树人"理念，都是为了实现促进人的全面发展这一目标。

1. 确立"人的发展"目标

要想通过语文教育实现"促进人的全面发展"这一目标，就要先从语文教育特有的功能出发，再结合语文教育自身的特点来完成。"人的全面发展"绝非空洞的口号，而是有着具体的内涵的，表现在语文教育中时，主要体现为以下几点：第一，全面提升学生的语言文字素养；第二，发展学生的语文能力与智力；第三，提高学生的人文修养，完善学生的人格；第四，使学生通过学习语文来学做人，从而成为完整且健全的人。

在语文教育中确立"人的发展"的目标，需要把握以下两点：第一，语文教育要做到"目中有人"，教师要注意审视不同学生之间的差异，通过保护并发展学生的个性，来调动各类学生的学习积极性；第二，语文教育要高瞻远瞩，要根据社会的发展趋势与未来的需要，与时代保持同步。

2. 明确"人的发展"认识

教育人类学家认为，教育的本质就在于塑造"完整的人"。所谓"完整的人"，即自然本性与社会本性相协调的人，他既要具备丰富的知识、优秀的能力，又要具备良好的人格品质。而作为教育的一个分支，对人进行"完整性建构"就是语文教育应承担的一项重要功用。与其他学科相比，语文教育特有的功能主要体现在陶冶人性、建构人格等方面，而这些都有利于促进人的全面发展。

3. 把握"人的发展"法则

要想促进人的全面发展，且培养"完整的人"，绝非一蹴而就之事，而是需要按照行之有效的法则，循章而为。学生在学习语文的过程中，或多或少地都会受到文本内涵的感染与熏陶，进而形成自身的情感态度、思想修养、心理品质。这就要求语文教育将"教文"（即对学生进行语文基础知识训练，使学生能够正确理解并运用语言文字）纳入"育人"（即培养学生的道德情操、文化素养、思维品质，使学生的人格得以完善）的目标，通过"教文"对学生进行春风化雨般的熏陶，从而达到"育人"的最终目标。

四、语文教育的内容

（一）语文知识

语文知识是语文教育内容的首要构成要素，也是提高学生语言文字素养、语文运用能力的基础。语文知识主要包括语言知识、阅读知识、写作知识、口语交际知识等内容。

1. 语言知识

语言知识包含的内容十分丰富，但并非所有的语言知识都适合作为语言教育的内容。只有那些对学生的语言文字应用学习与发展具有基础性作用的、有用的语言知识，才可被视作语文教育的内容。其中，语音知识、汉字知识、词汇知识、语法知识、修辞知识是最为核心的几类语言知识。

（1）语音知识

语音知识的主要作用在于帮助学生正确发音，以便学生进行诵读或从事其他口语表达活动。在学习语音知识时，学生要明确汉语语音包括发音、重音、连读、语调、节奏等内容；而在日常会话中，学生则要保证语音、语调的正确、自然、流畅。此外，学生还要具备根据重音与语调的变化，感知说话者的意图与态度的能力。

（2）汉字知识

汉字是语文教育的本体构成，学好汉字知识有利于提升学生自身的语言文字素养。在学习汉字知识时，学生应至少掌握五项基础内容，包括汉字形、音、义的构成特质；汉字的部分造字法；汉字发展演变的简史；汉字的正确书写法则及学会使用规范的汉字。

（3）词汇知识

词是一种具有一定意义、拥有固定语言形式、能够独立使用的语言单位，词汇则是语言中词与词的集合体。词汇知识是语文学习的基础，学生除了需要掌握常用词汇（包括成语、习惯用语、固定搭配等）之外，还要了解词汇的发展历程，包括旧词的消失、新词的产生、词义的演变等内容。

（4）语法知识

语法是客观存在于语言系统中的法则与规律。基于不同的语法结构，语句所表达的含义与情感也会有所不同。

语法由词法和句法构成。在学习词法时，学生主要需要掌握的是实词与虚词的具体类型及其用法；而在学习句法时，学生则需掌握句子的分类、单句及复句等内容，尤其需要了解复句的类型、复句间关系的划分等。

（5）修辞知识

修辞的作用在于通过恰当的语言手段，来达到更加理想、更加生动、表情达意的效果。在学习修辞知识时，学生要重点掌握以下三项内容：第一，词语的正确选择；第二，句型、句式的恰当运用；第三，多种修辞格的应用。

2. 阅读知识

阅读知识主要包括阅读方法知识、实用文章知识、文学基本知识等内容。掌握阅读知识，对于提高学生的文本阅读与语用能力具有十分重要的意义。

（1）阅读方法知识

阅读方法知识即有关阅读方法的知识。学生在阅读过程中，阅读方法选择合适与否将直接关系到阅读的速度与效率。常用的阅读方法有朗读、诵读、默读、浏览、速读、精读、略读等，具体如表1-1-1所示。

表1-1-1　常用的阅读方法

方法	含义
朗读	①将书面语言化为清晰、响亮的有声语言 ②突出停顿、重音、语调、节奏等方面的控制
诵读	在理解的基础上，运用抑扬顿挫的声音节奏，进行有感情地朗读或背诵
默读	①指不出声的阅读 ②默读的标准在于"懂"和"快"
浏览	①以获取对读物的大致印象、快速找到所需信息为目的的阅读方式 ②不求获得仔细、深入的理解
速读	①即"快速阅读"，是指从文字材料中快速获取有效信息的阅读方式 ②在准确把握文本内容的基础上，尽可能地提高阅读速度
精读	熟读精思，对文本进行反复、深入、细致的阅读
略读	①粗略、观其大要、无须深究的阅读方式 ②在阅读时要略去枝节、抓住关键、争取在短时间内掌握读物的主要内容

在阅读实践中，学生可根据不同的阅读目的，选择最为恰当的阅读方法，以实现阅读目的、阅读材料、阅读方法三者之间的匹配。

（2）实用文章知识

长期以来，我国的语文教育都更加侧重于文学教育，被选入教材的文章也多为文学作品，实用文章所占比重明显偏低，这在一定程度上背离了语文教育的初衷。因此，要想实现语文教育的语言文字应用转向，教师就必须重视实用文章教学。从语文教育的语言文字应用实际来看，实用文章知识主要包括以下几点。

第一，把握实用文章的表达意图。由于实用文章一般有特定的读者对象、表达意图和预期的表达效果。因此，在阅读实用文章时，要明确"为什么写""写给谁的""写了什么""怎么写的"等。

第二，把握实用文章的实用意义。实用文章之所以"实用"，是因为其会直接影响到人们的思想与行为，乃至关联社会效益。比如，有些实用文章具有指令性，其主要告知人们应该做什么、不该做什么；有些实用文章具有法规性，其规定了人们在特定活动中应当遵循的原则；有些实用文章具有传递信息、供人们参考的作用；等等。

第三，把握实用文章的惯用格式。在长期使用、传播的过程中，实用文章往往会形成一些约定俗成的惯用格式，如新闻消息由标题、导语、正文三部分组成，书信函件必须包含称谓、正文、落款等。

第四，把握实用文章的表达方式。实用文章大多直接作用于社会与生活，因此，其对语言文字应用表达的准确性提出了严格的要求，要求人们必须字斟句酌，以便将内容清楚准确地表达出来。

（3）文学基本知识

文学基本知识主要由文学史知识、文学文体知识两部分构成。

文学史知识主要包含文学发展的历史脉络、从古至今比较著名的作家、围绕文学作品的相关知识等。尤其是出现在中外文学史上的重要历史事件与文学思潮、一些产生了重大影响的作家作品，应当成为文学史知识教育的重要内容。

文学文体知识主要包含不同的文学体裁及各类文学样式。学生应了解不同文体的构成特点，掌握基本的文学文体知识，这样才能更好地解读文本、理解文学、学好语文、用好语文。

3. 写作知识

写作知识的作用主要体现在阐释读写文章的方法、技巧、规律上，具有较强的实践性意义。文章学知识和文类写作知识是写作知识的核心内容。

（1）文章学知识

文章学知识主要包含选题立意、材料组织、结构安排、写作手法等要素。具体来讲，文章的选题要新颖、恰当，立意则应从"小我"走向"大我"、从个别走向一般；材料组织要有序，这将直接关系到文章的思路是否清晰、脉络是否分明、材料的选取是否合适；结构安排是谋篇布局的重要环节之一，不同的文章结构将会产生不同的表达效果；写作手法作为一种表现技巧，主要包括插叙、倒叙、动静结合、托物言志、烘托渲染、虚实相生等。

（2）文类写作知识

文类写作知识是指人们基于不同的写作目的，选择不同的文类进行写作的语用内容。在语文教育中，记叙文、议论文、说明文、应用文是最常见的四类文体，掌握这些文体的写作知识，将十分有利于提升学生对于各种文类的写作能力。

4. 口语交际知识

在语文教育中，口语交际知识通常会以具有可操作性的程序性知识（而非静态的陈述性知识）的形式呈现出来。口语交际知识主要由正音知识、表述知识、交流知识三部分构成。

（1）正音知识

所谓正音，即"使语音正确"，能够使用标准的普通话进行表述。正音的标准为发音准确、吐字清晰、字正腔圆，同时要避免使用方言。发音不准的常见情况有声母不准、韵母不准、声母与韵母均不准、声调不准等，正音练习应根据具体情况，有针对性地进行。

（2）表述知识

学习表述知识，主要是为了使学生做到语音准确、语流连贯、语调起伏、语速适中、语词精确。具体来讲，学生应当在进行日常表述时达到如表 1-1-2 所示的几点要求。

表 1-1-2　表述的要求及具体标准

表述要求	具体标准
语音准确	发音正确，吐字清晰
语流连贯	①表达具有流畅性 ②注意适当的停顿，以使表达充满节奏
语调起伏	①通过语调的抑扬、轻重、缓急来传情达意 ②讲述时的语调有先抑后扬、先扬后抑、抑扬交错或先轻后重、先重后轻、轻重交错等方式
语速适中	单位时间内发出的音节数是适量的，语速过快或过慢都会影响讲述的效果
语词精确	选用的语词应具有明确的指向性，避免使用模糊性的语词表达

（3）交流知识

学习交流知识，主要是为了让学生了解一些在交际时应当遵循的原则与规则，如合作原则、礼貌原则、话语规则等。学生应通过对交流知识的学习，达到在具体的语境中选择合适的话语，准确地表达意思，从而完成交际任务的目标。在交际过程中，交际双方既要重视包括语音、语调、语态、语气、节奏等在内的言语表达要求，又要遵循人际礼貌、身份协调、避免跨文化冲突等交际规则。总之，交流知识的作用就在于使学生具备对特定的语境进行准确判断，进而在不同的场合合乎分寸地与人交流的能力。

（二）语文能力

语文能力主要体现在听、说、读、写四个方面，其中，"听"和"说"又可被合并为"口语交际"，因此可以认为，语文能力由阅读能力、写作能力、口语交际能力三部分构成。

1. 阅读能力

对于阅读能力的构成，可以从纵向、横向两个维度进行分析，具体如表 1-1-3 所示。

表 1-1-3 阅读能力的构成

维度	内容	含义
纵向	阅读感知力	对字、词、句的语义的识别能力
	阅读理解力	在感知语言的基础上，对段落篇章进行的文意提取、思想把握的能力
	阅读鉴赏力	在深入理解的基础上，对文本的内容与形式进行鉴别、欣赏的能力
	阅读迁移力	通过阅读而获得的知识、技能来解决现实问题的能力
	阅读创造力	在作者原有见解的基础上，运用创造性思维进行再创造，并产生一定新意的能力
横向	阅读选择力	对阅读内容的价值做出判断与取舍的能力
	阅读思考力	运用各种思维形式，开展深刻、求新的思维活动的能力
	阅读想象力	在感知作品的基础上，根据语词提供的间接表象，联想再造出新形象的能力
	阅读记忆力	对阅读信息进行识记、存储、再现的能力
	阅读时效力	在单位时间内，提高阅读效率的能力

2. 写作能力

以写作的具体过程为依据，可将写作能力细分为六项能力。

第一，观察能力。观察能力又可进一步分为直接观察能力和间接观察能力。直接观察能力是指对现实中的环境、人、事进行有目的的观察且能够抓住观察对象特点的能力；间接观察能力主要指阅读、认识、理解的能力。

第二，思维能力。即在对观察到的感性资料进行分析、比较、综合后，再进行审题、立意、谋篇布局的能力。

第三，想象和联想能力。即在原有的记忆形象或眼前的人、景、物等形象的基础上，创造出新形象的能力。

第四，表达方式运用能力。即学习并掌握叙述、描写、说明、议论、抒情等表达方式，再对这些表达方式进行综合运用的能力。

第五，表达能力。即用准确、生动的语言将独到的见解、真挚的感情、深切地感受表达出来的能力。表达能力应至少达到以下标准：（1）内容清晰、明白，合乎规范;（2）用词丰富、生动;（3）句式锤炼,修辞运用灵活;（4）对标点符号的使用规范且正确。

第六,修改能力。即按照准确表达、艺术审美的标准,对字、词、句和篇章的内容、结构进行修改的能力。

3. 口语交际能力

口语交际能力由听话能力和说话能力构成,这两项能力又各自包含一些不同的能力,具体如图 1-1-3 所示。

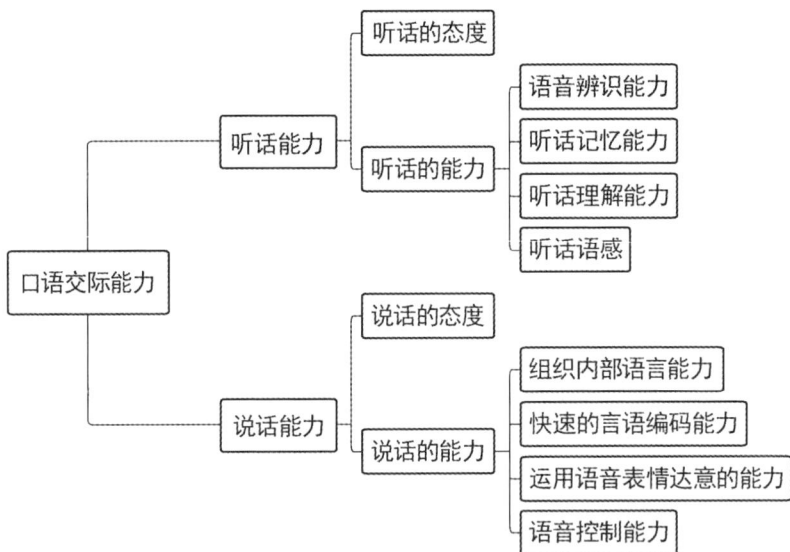

图 1-1-3 口语交际能力的内容

（三）人文素养

1. 审美素养

审美素养教育是一种借助语文审美媒介,进行语文审美学习的教育形式。把握构成语文本体的审美素养,探讨语文审美素养教育的特征与规律,是语文教育中的一项重要课题。而语文教育中的审美素养则主要指学生在学习并运用语言文字时所形成的审美感受力、审美想象力、审美鉴赏力等要素的总和。

（1）审美感受力

审美感受力是构成语文审美素养的基本要素之一。语文教材所选取的名篇佳作反映了作者对人生敏锐的感受与诗意的描绘，是用来启迪学生心灵的良好材料。教师应充分利用教材中的文学文本所蕴含的审美因素，从语言的节奏、情感的起伏、词语的色彩等方面着手，通过有意识地营造审美氛围，来使学生全身心地沉浸在语文审美教育活动中。

（2）审美想象力

在进行语文学习的过程中，过于清晰的理性分析很容易使学生的想象力受到局限。想象是将人从现实世界带到理想世界的桥梁，也是个体回归自我、体验自我的重要途径。教师要引导学生进行想象与联想，只有将语言符号还原为富有情感色彩的画面后，学生才有可能真正从文字中获得审美体验。

（3）审美鉴赏力

鉴赏，即主体对艺术作品进行感受、理解、评判的审美活动。审美鉴赏力是一项具有较强个性化特征的能力，它是在审美感受、想象、体验的基础上形成的。要想培养学生的审美鉴赏力，教师就要以教材中的文学作品为载体，组织学生进行自由式鉴赏讨论，并让他们自由地表达出自己的审美感受，进而展现出自己的审美意识、审美趣味、审美理想。需要注意的是，教师在讨论过程中不仅要淡化自身的评判权威，还要鼓励学生发表富有创意的观点。

2. 情感思想素养

情感思想素养涵盖情感素养、思想素养两部分内容。

情感素养是指学生在学习并运用语言文字的过程中，所形成的态度、情绪、情感、信念。语文教育应充分发挥教材文本的情感优势，达到既传道又传情、既解惑又解情的效果。

思想素养反映的是个体在思想水准、思维活动、品性行为等方面所表现出的本质表征。语文教育对学生思想素养的培养，旨在通过对语言文字的学习与运用，来促使学生形成积极、正确、科学的世界观、人生观、价值观、道德观、法治观、政治观等。

3. 科学精神素养

任何一门学科都具有特定的科学性，语文学科也不例外。语文的科学性并不体现在对知识的有序化排列上，而是通过人们对语言文字的内在感悟与独特理解表现出来。提高学生的科学精神素养，具体可从以下两个方面着手。

（1）对科学精神的体会

语文是最富有文化内涵与人文精神的一个学科，但其并不否认科学的精神与力量。相反，语文教育一直在大力弘扬具有人文底蕴的科学精神。而语文教材中的一些科学教育文本，也正是通过其所具有的客观性与科学美，来培养学生的科学精神与求实态度的。

（2）对科学方法的掌握

科学方法是指有利于学生掌握真理的方法与技能，其重点在于激发学生的文化思考与创造意识、激发学生的形象性思维。语文教育中的形象性思维是一种重要的思维手段，其通过将固定、抽象的概念转化为生动、鲜活的视觉或听觉形象，来确保人们的思维长期处于活跃的状态中，进而以此来维持人们从事创造性活动的热情。

五、语文教育的特点

（一）基础性

语文是一门基础性学科，对语言文字的学习则是一项基础性的任务，学习任何学科都离不开对语言文字的理解。由此可见，语文教育具有十分鲜明的基础性。这就要求学生在语文课上要踏实、扎实地进行基本的语言文字应用训练，从字、词、句、篇到听、说、读、写，每一个环节都不能被忽视。

需要强调的是，要想打好语文基础，就必须加强语文实践。学生的语言文字应用实践能力并非在课堂教学的"说教"过程中形成，而需要依赖于具体的语言文字应用实践和言语践行。

（二）民族性

语文教育着眼于汉语言文字运用能力的培养，有助于学生在语用过程中了解民族文化、接受民族教育。语文教育作为一项以运用汉语言文字为基本内容的教育活动，必须基于汉语言文字的特点与教育传统，彰显出民族化的精神与气概。这也使得语文教育与其他学科教育相比，在民族文化积淀、培养学生的文化素养等方面产生的影响格外明显。

（三）时代性

语文教育的内容源于社会生活，也在一定程度上反映了人类精神世界的丰富性与鲜明的时代特征。社会的发展、时代的进步会对语文教育的发展产生直接影响。因此，语文教育只有与时代的节奏保持基本同步，时刻反映出时代文化精神的内在律动，展现出时代文化精神的风貌与特质，才能更好地为社会需要而服务，也才能更好地完成时代赋予语言教育的特殊使命。

第二节　从语用观到语文教育

"语用"即"语言文字应用"，从汉语言的特性与"语言文字应用"的语用教育出发，确立并倡导语文教育语用观，使语文教育回归语言文字应用本体，这是推动语文教育与课程改革深入发展的重要途径之一。

一、语用观的基本思想

语言文字应用教育是语文教育的本体。语言文字应用教育观的基本思想要求语文教育从语文本体出发，以语用素养为本，以语用技能为要，树立语言文字应用的语用理念，以便于从语言文字应用的角度把握语文教育的语用观，从而将语言文字应用视作语文教学活动与教学设计的核心和立足点。

概括来讲，语文教育的语用观主要包含以下几层含义：第一，以语言文字应用为本体，倡导语用教育的策略；第二，将提高学生的语言文字素养、培养学生的语言文字应用能力作为语文教育的主要任务；第三，把握语文教育的正确方向。

二、语用观的主要依据

西方语言文字应用理论的产生对语文教育语用观的发展具有重要的启示意义，一些具有代表性的语用观点如下。

（一）"语言能力"理论

美国语言学家乔姆斯基提出的"语言能力"相关理论，是产生于语言文字应用学领域的新探索，也是对语用观视野的一种拓展。乔姆斯基认为，语言能力是一种由语言规则内化而成的体系，人类学习语言的这一行为就是人类天生的语法系统在朝着特定的语言语法系统转换，并形成了新的语法系统的过程。因此，学习语言的过程就是语言规则内化的过程。

（二）"语言行为"理论

英国语言学家奥斯汀提出了"语言行为"理论，其认为人类说出话语的这一行为不只是为了提供信息，还是为了完成许多其他的行为；人类参与交际活动也不仅仅是在构造语句，更是为了利用语句来完成各项行为。简而言之，语言的本质就是一种可以用来描述客观世界的行为。人在说出话语时还会同时实施三种不同的行为，分别是言内行为、言外行为、言后行为。言内行为指说出来的字面意思；言外行为指这句话要表达的隐含的真正意图，也就是言外之意；言后行为是这句话对听话人所产生的影响，当然更多是直接表达说话者的意图，并非所有的话都有言外之意。这要看说话时的语言环境与说话者所表达的方式。在语言交际中需要理解说话人的真正含义。"锣鼓听声，听话听音"就是这个道理。

（三）"交际能力"理论

美国社会语言学家海姆斯在乔姆斯基"语言能力"理论的基础上，提出了"交际能力"理论。海姆斯认为，一个人的语言能力不仅表现为其能够说出合乎语法的句子，还与其能否在特定的语言环境中恰当地使用语言有关。换言之，语言能力的高低主要表现为人在不同的场合与不同的人进行交际的水平。

对于交际能力的特征，海姆斯将其大致概括为四点：第一，辨别、组织合乎语法的句子；第二，在特定的语言环境中，使用合适的语言；第三，能够辨别语言形式的可接受性；第四，能够感知到语言出现的或然性，即语言是现实中常用的社会性语言，还是具有鲜明特色的、罕见的个人用语。

第三节　以"史"为鉴的语文教育

我国语文教育的发展大致可以划分为两个历史阶段：一是文、史、哲、法、经、政并无明确区分，以"大语文"为主要特征的古代；二是将语文单独设科的近现代。当代语文教育可以分别从这两个历史时期获得有益的借鉴。

一、古代语文教育的基本理念

（一）因材施教

朱熹在对孔子的教育理念进行概括时，提出了"夫子教人，各因其材"，这就是我们如今所说的"因材施教"。实现"因材施教"的前提是对每一位学生都做出深入、全面的了解并能够分析出每一位学生的个性特征。比如，孔子就曾将弟子的学习重点分为德行、言语、政事、文学四科，并根据各弟子的个性特征，为其挑选出"重中之重"。

经过朱熹的反复提倡与阐释后，"各因其材"的"因材施教"原则开始被后世教育家所重视，并被普通的教育工作者所熟知。不过从我国当前的教学模式来看，想要真正实现因材施教，还是存在较大难度的。

（二）学思并重

正所谓"学而不思则罔，思而不学则殆"，一个人如果只学习不思考，将容易陷入迷惑，并因此感到无所适从；一个人如果只空想不学习，则容易变得不切实际，使思考变成"胡思乱想"。因此，孔子强调"学"与"思"的并重，两者不可偏废。"学"是基础，"思"是判断，只有学与思相结合，个体才能获得有用的真知。

（三）循序渐进

孔子曾告诫弟子，"欲速则不达，见小利则大事不成"。其中，"欲速则不达"是指如果过于性急、凡事图快，那么反而会达不成目标。从思想迁移到教育领域，就是指教育要循序渐进，要避免陷入"人才速成"的误区。

孟子的"其进锐者其退速"与孔子的"欲速则不达"具有异曲同工之妙，孟子认为，知识的传授、人才的培养都应当遵循一定的规律，只能循序渐进，不可急于求成。

（四）乐学好问

孔子认为，学习知识应是一件令人愉悦的事情，正所谓"学而时习之，不亦说乎"。孟子则在《孟子·尽心上》提出"得天下英才而教育之，三乐也"的观点，可见其将以培养人才为目的的教学当作了一件乐事。这也从侧面反映了"乐学"的重要性。

乐学就是好学，好学则必然好问。好问既是乐学的表现，同时也是深入学习的必经之路。而不管"问"的对象是谁、内容是什么，只要问了，学习就不再是"独学"，也就不会出现"独学而无友，则孤陋而寡闻"的问题。无论是师生之间，还是生生之间，都可以彼此切磋、互教互学，这正是《学记》所提倡的"相观而善之谓摩"。

二、古代语文教学经验

我国古代语文教学可大体划分为三个版块，分别是汉字教学、阅读教学、写作教学。以下分别为这三项内容所对应的教学经验。

（一）古代汉字教学经验

1. 识字优先，专编教材

古代的启蒙教育提倡先集中识字，待认识两千余字后再开始阅读文献。"初入学半年，不令读书，专令识字，尤为妙法"（唐彪《家塾教学法》）、"能识两千字，乃可读书"（王筠《教童子法》）等言论均证实了古人对识字一事的重视程度是极高的。

在已知的识字教材中，由李斯编写的《仓颉篇》、由赵高编写的《爰历篇》、由胡毋敬编写的《博学篇》被称作"秦三仓"，是秦代较具权威性的识字课本，不仅等同于国家的正字标准，还具有"书同文"的规范价值。

2. 写字独立，书法随兴

古人十分重视汉字的书写，制作了很多用于儿童描红的习字课本和专门用来讲解书写知识的参考书籍，如《上大人》《草诀百韵歌》《结体八十四法》等。不过在古代，人们的汉字书写与汉字学习并不是同步的，这是因为学写毛笔字对生理方面有一定的要求，"小儿手小骨弱，难教以拨镫法"。因此，在进行汉字教学时，通常都会遵循先识后写、识写分离的原则。

古人对书写文字的具体过程并无明确要求，即只要书写者能够保证字形清晰、易于辨认，对于笔顺、笔形都不会有太过严格的要求。因此，在古代文献中，常常会出现同一个字有多种写法的情况。

（二）古代阅读教学经验

1. 文以明道，选读经典

古代的阅读教学并不只是为了培养学生的阅读理解能力，其更强调的是通过对书中所传达的"道"进行阐述，来达到修身、齐家、治国、平天下的目的。正所谓，"诗书教化，所以明人伦也。"

由于古代的阅读教学以"传道"为目的，因此在选择阅读材料时，也应以正统思想为基本标准。先秦时孔子兴办教育，被用作阅读教材的是"五经"，即《诗》《书》《礼》《易》《春秋》。除了儒家经典外，还有一些书目是需要阅读的，如《老子》《庄子》《韩非子》《吕氏春秋》《战国策》《史记》《汉书》《昭明文选》《钦定四书文》《唐宋八大家文钞》《资治通鉴》《古文观止》《古文辞类纂》等。

2. 熟读背诵，体味原意

古代的阅读教学十分强调读书要熟读、熟记。人们常说的"书读百遍，其义自见""熟读唐诗三百首，不会作诗也会吟"，都强调的是熟读的重要性。诵读吟唱是熟读熟记的基本方式，在蒙学教育或经学教育中，教师都非常重视诵读吟唱教学法。

不过对于文献阅读而言，理解原意是更为重要的一项任务。反复诵读能够在一定程度上帮助人们理解作品原意，但却未必能使人们理解得十分透彻。因此，读书时必须静心揣摩，体会作者思想，如此才能真正理解作品深意，切记"莫先立己意（即不要先入为主）"。

（三）古代写作教学经验

1. 多读多记，增广见闻

有道是"读书破万卷，下笔如有神"，广泛阅读、熟读成诵是阅读教学与写作教学的共同要求。其中，在阅读教学中进行熟读主要是为了理解原文的内容与情感，而写作教学中的熟读则旨在体味原文的写法。

"读万卷书，行万里路"则强调通过增加自身阅历来增广见闻对于提高写作水平的重要性。文学作品的创作离不开丰富的生活阅历，无论是屈原所作辞赋中的忧国忧民情怀，还是杜甫诗作中对百姓疾苦的反映，又或是徐霞客游记对祖国大好河山的描绘，都与自身的生活阅历息息相关。

2. 熟悉文体，遵守规则

文体知识指的是有关文章、文学的各类体裁样式的基本理论。自汉代起，我国便已有了对图书文章的粗略分类，而南北朝刘勰所作的《文心雕龙》则进一步推动了文体分类的全面化、系统化。

由昭明太子萧统编著的《昭明文选》是用来教人写作不同体裁文类的经典著作。《昭明文选》收录了从周代至梁朝的七百多篇文献，并按照文体将其划分为赋、诗、骚、诏、册、令、表、启、笺、书、辞、论、箴、铭等一共 39 类。作为最早的文学作品选本，《昭明文选》在提高写作水平方面发挥着重要作用。

《昭明文选》问世后，后代出现了众多效仿者，形式不同、服务于不同对象的范文选本层出不穷，其中较为著名的有《钦定四书文》《古文观止》《古文辞类纂》等，这些选本对文体的分类越来越科学，也提出了越来越明确的针对各类文体的语言风格与写作要求。

三、近现代语文教材编写的经验与反思

近现代中小学语文教材的编写工作是伴随着清朝末年的废科举、兴学堂而开展的。经过一百多年的探索与实践，我们可对教材编写的经验做出归纳和总结并进行一定的反思。

（一）教材编写的经验

在过去的一百多年里，政府对语文教科书的编制主要采取的是审查制、统编制两种形式。在晚清至民国时期，审查制是主要形式；中华人民共和国成立后，则开始采用统编制。自 20 世纪 80 年代中期以来，教科书政策逐渐转变为编审分

开、一纲多本。

在清末学堂初兴之时，政府曾组织力量编写语文教材，但遭到了学校和舆论的抵制。后来随着教科书政策的逐渐放开，民间自编教材开始成为学校课本的主要形式，商务印书馆、中华书局等新兴书局纷纷组织力量编辑，出版中小学教科书，并在发行推广方面展开了激烈竞争。

在中华人民共和国成立后至 20 世纪 80 年代的这段时间内，中小学的语文教科书均由人民教育出版社统一编写，全国各地均使用同一套教材。20 世纪 90 年代初，北京、上海、浙江、四川、辽宁、江苏等地区开始各自推出适用于当地的义务教育语文教科书，首次开启了语文教材自中华人民共和国成立后的多样态局面。新课程标准的颁布则使教材编写更加"百花齐放""多纲多本"的局面已基本形成。

历史经验表明，编审分开的教科书政策更加能够适应不同地区、不同发展水平的教育实际需求。因此，语文教材多样化的局面应当长期保持下去，要避免回到"编审一体"或"全国通用一套教材"的旧路上。

（二）教材编写的反思

近年来，中小学语文教材的编写开始显示出一定的局限性，具体表现为以下几点：第一，编写多凭经验，或是以编者的阅读喜好为依据；第二，从已经出版的教科书中进行剪辑、摘录；第三，很少参考有关教科书、学生阅读写作心理等研究与调查实践。

通过对语文教育史的梳理可知，语文教材的编写不仅要以成熟、系统的理论为指导，还要注意吸收各类研究成果，并将相关成果应用于语文教材的编写中。具体来讲，语文教材的编写应参考以下几类研究成果：第一，语文教材的研究成果；第二，有关阅读、写作、说话等心理与习惯的科学实验的实践成果；第三，语言、文学等相关学科的最新研究成果。除此之外，教材编写者还要重视信息时代对传统教材观念提出的挑战。

第二章　文化与语文教育

语文是人类文化的重要组成部分，语文教育的过程就是对文化进行传承与创新的过程。语言教育有着文化的天性与灵魂，承担着传承文化的使命。现代语文教育的传承不只是经典文化知识的传承，还有文化认识论的教育。语文教育文化性的建构对当今语文教育有着鲜明的意义。

第一节　文化与语文教育

人类创造了文化，文化又进一步开拓了人类的文明，使人类的全部生活都被刻上了文化的烙印。文化自诞生之日起便具有强烈的"教化于人"功能，而这一功能在语言教育中体现得尤为明显。

一、有关文化的概述

（一）文化的定义

"文化"是人们在日常生活中最常用的一个术语，同时也是最难进行明确界定的一个概念。早在《文化：概念和定义的批判性回顾》一书中，美国文化人类学家克罗伯、克拉克洪便已列举了160多种由文化学学者对"文化"进行阐释的定义。学者们所依托的不同的知识背景、价值观、方法论、个人旨趣等，是造成文化定义多样化的主要原因。

《辞海》从两个角度对"文化"赋予了定义：从广义上讲，文化是人类在历史实践过程中创造出的物质财富与精神财富的总和；从狭义上讲，文化指的是社会的意识形态以及与之相适应的制度与组织机构。

（二）中西方关于"文化"起源的观点

1. 汉语中"文化"一词的流变

在汉语中，"文化"一词经历了较为复杂的演变过程，从最初的"纹饰""纹理"等含义到"人格""修养"等含义。在《易经·系辞传》中，有关于"观鸟兽之文与地之宜""物相杂，故曰文"的记载，在这两句话中，"文"指的是人的五官能够感受到的声音、色彩、线条。儒、道、墨三家对"文"的理解也各有不同：儒家主张文饰与质实的高度统一；道家倡导宇宙自然本体，主张摒弃文饰；墨家执着于现实的功利本体，坚决以质用否定文饰。"化"的本义是改易、生成、造化。通俗来讲，"化"最初指的是事物形态与性质的改变，后来则逐渐引申为教行迁善之义。

"文"与"化"的对举最早出现在《易·贲·彖》中的"观乎人文，以化成天下"，在此处，"文"是指"文明"，"化"则为"教化"。当"文"与"化"联结起来后，就有了"文化"的基本含义。"文化"的合用则源于《说苑·指武》中的"凡武之兴，为不服也，文化不改，然后加诛"，此处的"文化"在意义上与"文德"相近，指的是与"武力"相对的文治教化。

总的来说，在我国古代，"文"既可指文字、文章、文采，也可指礼乐制度、法律条文，"化"则主要包含教化、教行等意思。从社会治理的角度对"文化"进行理解，"文化"即通过礼乐制度来教化百姓。

2. "文化"一词在西方国家的流变

在早期，西方国家虽然尚无与现代"文化"的概念相对应的词语，但诸如"性灵培养（cultura animi）"等词语与文化之间存在一定的联系。《大百科全书》将"性灵培养"解释为"一种教人、培养人的性灵的各个方面，并使之完善的特殊艺术"，而 cultura 一词最早源于拉丁语中的 colere，本义为"开垦土地，以收获农作物、树木和水果"。由此可以认为，"文化"一词在西方的来源是拉丁文，且指的是农耕和对植物的培育。而由 colere 衍生出的另一个词 cultus 则指的是对诸神的敬仰与崇拜，这已预示着文化与宗教的逐渐靠近，为文化与宗教在中世纪的"联姻"

奠定了基础。

文艺复兴运动为文化的转义提供了契机。1420 年，《牛津词典》首次通过隐喻对"文化"进行了引申，不过直到 16 世纪，"文化"的真正转义——才智、举止的培养与锻炼，才真正被引入语言中，并逐渐摆脱"种植"这一本义。此后，西方国家还将"对人的品德与能力的培养"也纳入文化的范畴。

3. 中西方学者对文化的界定

英国学者爱德华·泰勒将"文化"定义为"全部的知识、信仰、艺术、道德、法律、风俗以及全体社会成员所能掌握的才能、接受的习惯的复合体"[①]。在我国学者对"文化"提出的概念界定中，相对具有代表性的主要包括：梁启超的"文化者，人类心能所开释出来之有价值的共业也"；胡适提出的文化是文明所形成的生活方式；其他学者提出的文化是一种已经变成了习惯的生活方式与精神价值；等等。

总的来说，各国学者在对"文化"下定义时，普遍都会运用列举、抽象概括、列举与概括相结合的方式。

4. 文化的概念界定产生多义性的根源

从古至今，文化的定义之所以一直未能达成统一，主要是基于以下原因。

（1）文化自身的复杂性

文化渗透了人类生活的方方面面，无论是庞大的国家组织还是简单的社区组织；无论是节日习俗、庆典仪式还是科学技术、文学艺术；无论是哥特式的建筑还是四合院方圆土楼。凡是有关人类生活的一切，都会在不同程度上彰显出文化的纹理与色彩。文化内容的复杂性与文化本身的包罗万象，是导致人们难以对其进行准确定义的重要原因。

（2）文化研究者的主观性

文化研究者的主观性主要体现在以下几个方面：知识背景、个人旨趣、历史观、价值观以及方法论。这些来自不同方面的主观性会使其在界定文化时呈现出鲜明的个人色彩。

---

① ［英］爱德华·泰勒. 原始文化——神话、哲学、宗教、语言、艺术和习俗发展之研究 [M].连树声，译. 桂林：广西师范大学出版社，2005.

（三）文化的存在形式与隐性课程

1. 内隐文化与外显文化

以文化的载体为依据，可将文化的存在形式分为内隐、外显两种类型。内隐文化通常表现为一种意向性力量或趋向性力量，又或者是一个自成体系的密码系统，如价值观念、思维方式、情感等；外显文化是指具备明确的外表形式，以符号系统（如文字）或人的具体行为为载体的文化类型，常见的外显文化有哲学、政治、历史、法律、艺术、宗教等。

需要注意的是，内隐文化与外显文化并非文化整体的两种模式，而是统一文化模式的两种不同形态。换言之，内隐文化与外显文化同处在文化的统一体当中，两者的区别主要体现为"是否被表达出来"。

2. 文化存在形式对教育的启示

教育界认为，既然文化存在内隐和外显两种形式，那么作为文化重要组成部分的教育，同样应该拥有两种教育模式，并在此基础上提出了显性课程、隐性课程的命题。显性课程即人们通常所说的"学校课程"，其又称"常规课程"或"正式课程"，属于一种明确的、事先编制好的课程。隐性课程则是指非正式、没有经过事先策划，也没有书面文本的课程，这种课程类型开辟了教育领域的新视域。

"隐性课程"这一概念的缘起，可追溯至杜威的《民主主义与教育》和《经验与教育》。学生不仅要学习正规课程，还要进行附带学习，即学习一些与正规课程"不同的东西"，如理想、态度、道德、习惯等。"隐性课程"一词的正式提出则是在 1968 年，有学者提出学校中的团体生活、权威结构等形成了独特的氛围，从而构成了隐性课程，这种课程是由规则、法规、常规构成的，会对学生的社会化发展产生明显的影响。1972 年，布鲁姆在《教育学的无知》中同时使用了显性课程、隐性课程这一对概念，其认为隐性课程在历来的课程研究中常常遭到忽视，但实际上隐性课程不仅与学生的学习目标有关，还与学校所强调的品质和社会品质有关。与显性课程相比，隐性课程甚至更加有利于教学目标（尤其是品质、习惯、态度等方面的目标）的达成。

3. 隐性课程的特性

由上述分析可知，隐性课程的特性主要表现为以下几点。

（1）暗示性

隐性课程的资源隐藏在校园文化当中，这些资源在向学生发出"信号"时，也是以暗示的形式传导的。隐性课程不是在直接、公开地向学生施教，而是通过一种相对隐蔽的方式，将有关知识、道德、审美等方面的经验渗透到具体的人、事、物当中，并传授给学生。

（2）多样性

在校园环境中，实践活动十分丰富多彩，学生在参与各类活动时所受到的潜在影响也是不同的，这些影响能够与隐性课程形成多方面的联系。由此可以认为，学生在学校习得的隐性课程具有多样性。

（3）无意识性

学生在学校所进行的一些实践活动具有潜移默化的影响，即学生在参加活动的过程中，可能会不知不觉地受到一些隐含于活动中的因素的影响。在隐性课程中，学生进入角色的过程是无意识的、自然的，并不需要接收特定的指令。

（4）长期性与间接性

学生从隐性课程中获得的学习成果是通过情感融合得到的，这种成果既有可能在求学期间就展现出来，也有可能需要等到学生走出校园、步入社会后才有所体现。但无论如何，这种影响都会是长久的、稳定的，甚至可能会贯穿于学生的一生。

4. 开发语文隐性课程

20 世纪 80 年代，隐性课程的概念开始进入我国的课程研究范畴。作为一种非传统的课程，隐性课程主要表现为学生在学习环境中学到的非预期的知识、规范、态度、价值观念等。

对我国学生而言，语文教育是母语学习的重要渠道，其中蕴含着十分丰富的隐性文化，这也就决定了"语言课程是由显性课程与隐性课程共同构成的"这一属性。然而很长时间以来，作为"官方课程"的显性课程所受到的重视远远超过隐性课程，隐性课程常常处于被忽视的尴尬地位。因此，在近些年的语文课程改革中，为全面提高学生的语文素养，越来越多的语文教育工作者开始重视对隐性课程的开发。

在新课程改革中，课程资源开发是一个十分重要的环节。语文课程资源是指在语文课程设计、实施、评价的整个过程中，可以利用的一切人力、物力乃至自然资源的总和，不仅包括教材，还包括学校、家庭、社会中的一切有利于提升学生语文素养的资源。总的来说，语文课程资源可分为课堂教学资源、课外学习资源两大类，具体包括以下几种类型，如表 2-1-1 所示。

表 2-1-1 语文课程资源的类型

类型	举例
图文资源	教科书、工具书、报刊、教学挂图等
影视资源	电影、电视、广播、网络等
会议资源	报告会、演讲会、辩论会、研讨会等
场馆资源	图书馆、博物馆、纪念馆、展览馆等
街道资源	布告栏、报廊、标牌广告等
其他资源	文物古迹、民俗风情、社会事件、生活话题等

除此之外，有些学者认为，语文教师、学生的家庭生活、校歌校训、节俗文化等同样属于语文课程资源[①]。总之，语言课程资源覆盖的范围十分广泛。

（四）文化的类型

人们对文化的概念界定至今众说纷纭，这也就决定了在对文化进行类型划分时，同样会面临不同学者各执一词的情况。下面将简单介绍几种国内外学者有关"文化的类型"的观点，具体如表 2-1-2 所示。

---

① "中小学校本课程资源开发的研究与实验"课题组. 校本课程资源开发指南 [M]. 北京：人民教育出版社，2004：12-13.

表 2-1-2　不同学者对文化类型的划分 [①]

国别	学者	文化的类型
外国学者	博厄斯	物质文化、社会关系、艺术、宗教伦理
	里弗斯	物质文化、结构、语言、宗教
	塞利格曼	语言、物质文化、道德文化（即一切社会制度）
	马林诺夫斯基	经济、教育、政治、知识、法律与秩序、巫术宗教、艺术、娱乐
	怀特	①技术系统：由物质、机器、仪器及使用这些仪器的技术等构成 ②社会系统：由人际关系构成 ③意识形态系统：由思想、信仰、知识构成
我国学者	梁漱溟	①精神方面：宗教、科学、艺术等 ②社会生活方面：人们在家庭、社会中的生活方式 ③物质生活方面：饮食、起居等
	钱穆	经济、政治、科学、宗教、道德、文学、艺术

随着文化人类学研究视野的扩大和教育研究的不断深入，文化与教育的"联姻"倾向已经越来越明显，随之而来的就是"教育文化"这一概念的诞生。从教育的角度来看，文化可分为校园文化、教室文化、学生文化、课程文化、社团文化、宿舍文化等类型。

（五）文化的特征

1. 文化属于人类所特有

文化是人类在进化过程中不断创造或衍生出来的，人类对文化的创造能力也正是人与动物的主要区别所在。自然存在物并非文化，只有经过了人类有意或无意的加工、制作所生成的产物，才属于文化。比如：水不是文化，水库才是文化；石头不是文化，石器才是文化；等等。

2. 文化是人后天习得并创造的

文化不是与生俱来的，而是由人类在后天的社会环境中，经过学习、创造所

---

① 陈弦章. 语文教育文化论 [M]. 桂林：广西师范大学出版社，2008：23-24.

获得的经验与知识。各个领域的文化，如语言、知识、技术、风俗、道德、习惯等，都需要人们经过后天学习才能获得。比如：男女这两个性别本身不是文化，"男女授受不亲"才是文化；又比如，由遗传得来的肤色、毛发不属于文化，但文身、发型却可算作文化。

3. 文化为一定社会群体所共有

文化是由全人类共同创造出的社会性产物。任意个体经过后天习得后所创造的思想、观念等，只有在被他人接受并认可之后，才能算作文化。一些纯属个人私有、不被社会成员普遍接受的物质（如个人怪癖）就不属于文化范畴。

4. 文化是复杂的整合物

尽管人们对文化的分类尚未达成统一意见，但包含着众多形态与类别的文化从来都不是一个杂乱无章的集合体。从整体来看，无论对文化如何进行分类，它都是一个由多种元素组合而成的复杂却统一的体系。在这一体系中，各个构成要素在结构上相互联结，在功能上彼此依存，共同发挥着社会整合、社会导向等功能。

5. 文化是一个连续不断的动态过程

文化既是特定时代、特定社会背景下的产物，其形成又是一个连续不断的积累过程。每个人都生活在一定的文化环境中，同时又会自然继承上一代人留下的传统文化，再根据自己的经验与需求对传统文化进行改造，抛弃传统文化中不合时宜的内容。除此之外，文化的动态性还体现在对外来文化的吸收、对多元文化的整合等方面。

6. 文化具有民族性与阶级性

自民族这一概念形成之后，文化基本都是以民族的形式出现的。同属于一个民族的人们，会使用共同的语言，遵守共同的风俗习惯，养成共同的心理素质，这些都是民族文化的体现。

在一个分裂为不同阶级的社会中，各阶级所拥有的物质生活条件不同；所处的社会地位不同，都会导致人们的价值观念、生活方式出现差异，进而形成不同阶级之间的文化差异。

二、文化与教育

在教育学领域中，"文化"既可以作为一个名词，也可以被当成动词使用。用作名词时是指社会的构成要素，是与"自然"相对应的人的创造物；动词性的"文化"则与教育基本同义，指的是引导社会新成员融入已经形成的社会形态的行为。

（一）教育是一种文化的存在

文化由人创造，同时人也是文化的产物。除了自出生起便具备的动物本能之外，人的观念、价值、情感等都是因文化而生的。一个人能够说话，这是人的本能，但其所说的是汉语、英语还是其他语言，掌握了一门还是多门语言，则是文化产生作用的结果。

作为人类文明的重要组成部分，教育的发展会受到文化发展水平的直接制约。与此同时，教育又是创造、保存、传播文化的重要工具。也就是说，教育不仅要接受人类文明已有的文化成果，还肩负着创造新文化的使命。教育与文化之间，具有天然且鲜明的"血肉联系"。

教育是一种文化的存在，教育活动具有独特的文化意蕴。不同类型的教育反映着不同的文化背景和迥异的文化传统。文化对教育具有深层、潜在的作用，教育则发挥着保存文化、维持文化生存、促进文化变迁、增强文化凝聚力等作用。

（二）教育的本质即文化活动

德国教育家斯普朗格将文化划分为四个部分：一是团体精神，即家庭、民族等集团都需要借助团体意识来保存文化的意义；二是客观精神，即凡是具有一定意义的文化活动，都会积淀在语言、文字、符号、工具等基质中；三是规范精神，即每一种文化都会受到客观规范（如科学、技术等）与共同生活规范（如道德、法律、政治秩序等）的制约；四是人格精神，即凡是有意识的个人都享有文化的意义，且能够使文化保持强大的生命力[①]。

斯普朗格对文化的界定整合了个人与社会、自我与历史、主观精神与客观精

---

① 邹进.现代德国文化教育学[M].太原：山西教育出版社，1992：75.

神之间的多重联系。他认为，教育一方面以个人周围的客观文化为材料，能够使个人的心灵得到适当的陶冶；另一方面又能使现有的文化体系因个人心灵的介入而获得更加生动的发展。斯普朗格通过分析人、文化、教育三者之间的关系，阐述文化与教育的联系。

由斯普朗格的观点可知，教育的本质就是一项文化活动，而凡是活动就必然需要经历一定的过程。因此，教育的过程也是文化发展的过程，其包含文化积淀、文化传递、文化再创造三个阶段。

三、语文的文化本质

文化人类学家拉德菲尔主张："由于一切文化都在以某种方式进行整合。那么也应当把社会文化中的教学本身看作是一种具有或多或少的整合因素，教育和文化可以说是密不可分的。"

文化是人类的创造物，人类文化的核心是人类的这种精神文化，尤其是民族的文化传统、思维方式。教育是文化的表现形式，是文化中的一个重要组成部分，其本质上可以说是一种文化传递。实用主义代表人物杜威认为教育是文化的一个组成部分，是文化的继承者和传递者。教育要随文化的发展而发展，要与社会文化紧密相连；改造主义者认为教育是文化改造的一种工具。由于教育在本质上是一种"人"学，在于"人"的建构。因此，教育是对人的一种终极关怀，可以说是对完整人生的追寻和创造。作为承载民族文化的语文教育，其功能在于陶冶人性、建构人格、培养人生能力，也在于促进生命个体的整体生成，促进人的整体素质的全面发展，建构完整的人。

语文教育要使学生能够吸取文化的营养。文化中的人文因素影响着这种语文教育。语文作为民族文化的载体，继承和传播中华民族的优秀文化。同时，语文作为民族文化的构成也蕴含着深厚的思想和伟大的人格精神。当今语文教育改革对文化性、人文性的强调也体现出这种教育文化本质。关于人文精神，人们有不同的理解。有的教育工作者认为，人文教育就是"思想政治教育"，其实这种说法恰恰束缚了学生的人性自由和精神自由。

人文性应是语文的本质属性，也是区别于其他教育学科的特性。如对学生进行审美性教育：美术是诉之于形象；音乐是诉之于音符。教师利用中国文字使学生感受文化的美，这是语文课所特有的。语文教育不仅是概念的分析、概括，更重要的是一种情感熏陶和人格培养。

语文教育要真正体现它的价值性，就语文本身来说，人文性是它所固有的。语文是文化的载体，又是文化的构成，语文的文学作品是在诉诸感情，其更容易激起学生的情感共鸣，在潜移默化、熏陶感染中提高思想认识，陶冶情操，增强辨别是非美丑的能力，从而完成人格的塑造。

语文是一个由文化构成的、丰富绚丽的世界，有文化的背景、图像、情致、意蕴、真义。语文教育的世界活跃着文化的灵魂，充盈着文化的气息，离开文化就无文字，更无语文教育世界的构成。文章中作者深厚的民族文化积淀，语言的美好韵律，可以使学生受到美的熏陶与修养的积累，浸润语文的人文精神与民族个性。从而充实生命的内容，提升灵魂境界，达到生命和人性的全面唤醒。这正体现出语文的文化本质和人文特征。

四、语文教育文化性的培养及建构

人文性及文化性是语文学科的本质属性，语文学科的人文性也主要从以下几个方面进行把握：体会汉语包含的民族思想、感情认识和历史文化；引导学生把握汉语的人文价值，注重体验汉民族独特的语文感受，学习汉民族的优秀文化；尊重和发展人的个性，培养健全的人格。这些决定了语文教育文化性培养要从语文教育文化的传承和创新发展着手。

过去的语文教育基本上以传承为主，古今语言文化知识被不恰当地尊崇，使人们形成一定思维形式：学习汉语就是学习、接受、继承古今语言文化知识。而渗透于其中的文化认识论思想被遗忘了。现代语文教育要改变这种观念，使得文化在体现一个国家、社会、民族特点的嬗变与保持功能的同时，还能够发挥动力资源以促进其发展。一种文化并非一以贯之、一成不变，而是伴随着国家、社会与民族的发展而发展的。我们既要重传承，也要讲发展。现代语文教育的文化嬗变不能只是经典文化知识的继承，还应当有文化认识论的教育。这就要让学生了解中华民族文化的发展大势；了解源远流长的中华文化的根本属性与基本特征；

了解不同发展水平的文化内容。在互补与协调发展中，特别是要了解文化的差异性及其对社会生活的影响，并且通过文化的比较了解社会与民族的文化。这些了解将会极大影响学生的未来品质、胸襟与视野。

另外，现代语文教育的文化发展必须是一种建构性发展。教师要指导学生试着审视和品位不同文化风格的产品，这包括文化的、经济的、政治的语言文字作品，还包括美术作品及其他载体的作品等。教师要培养他们探寻文化的符号与特征的能力，从而得出文化认识论的评判。教师应指导学生尝试运用一种语言文化表达其文化认识，并使这种表达具备社会性、时代性和价值性。我们说的这种建构应该被当成是一种语文教育的思辨。它会直接影响学生的未来生活并进而影响一定国家、社会与民族的文化发展。

具体的语文教育文化培养可以从课程和教学上分别加以提高。

课程中，我们应提倡语文教材的编写更有文化性，更具有文化熏陶的作用，达到语文教材的最优化。语文教材的最优化也就是说语文教材既要符合现代社会和科技发展的需要，又要有利于学生建立最优的知识结构，促使其在尽快完整掌握知识体系的同时，提升个性、人格，达到心灵的熏陶。教材编排上应讲究文质优美，特别是"质"美；还应坚持继承和发展民族优良传统文化，提高学生文化素养。教材应注意增加人文性、趣味性，注意时代生活，密切联系学生思想实际，选文合乎青少年心理特征，使学生读来有趣。如果学生不感兴趣，文章再好也收不到应有的教学效果。语文教材还要达到教学和育人功能的优化组合。教材应注重文化内涵，适当加重文言文分量，使学生能发掘出蕴含其中的感情因素、审美情趣。了解进而认同民族传统文化，从知识到情感实现中华文化的培植。这种培植也是发展个性健康，形成健康人格所需要的。教材还应增加科技人文含量，使科技和人文交相发展。

教学方法上，我们同样要注意学生文化性的培养，倡导教师教学的人文性。

（一）语文教学必须弘扬人文精神

语文教学关注的是人的精神成长和人格形成，人文关怀理所当然要贯穿语文教学的过程，它是语文教学的血肉和灵魂。作为语文教学主导者的语文教师必须拥有广阔的人文情怀、丰厚的文化素养和完善的个性品格。人文精神是整个人类文化所体现的最根本的精神，文化素养是每个语文教师所必须具有的一种能力。教师要对学生充满人文关怀，把学生作为主体来对待，从内心接纳他们、感染他们，培养他们知、情、意各方面的能力，从而使个体向着完美的人的方向发展，完善对人生、人性的态度。树立人本的观念，培养高尚的情意志趣，具备忘我的工作精神和强烈的岗位意识，这是每个语文教师不懈的追求。

（二）教学过程中强调师生交流，知情的融合

教学活动是人类的特殊活动，活动的双方都是人，是有血有肉、有情有感的个体。因此，教学活动虽以传递认知信息为中介，却又时时离不开人所固有的情感因素。教学既是知识传递的过程，又是每时每刻师生进行情感交流对话的过程。教学过程的实质决定了知情的必然结合，教师不仅要考虑教学内容的认知信息的传递，还要清楚地意识到在传递信息过程中伴随的情感因素的作用，把知识传递融入情感教育，努力用自己的积极情感去影响学生，充分发挥在知情交流中所能发挥的效能。

（三）语文教学应积极引入课堂"对话"教学

"对话"既指平常的交流，更指哲学意义上主体间的精神相遇。对话的过程就是主体间在经验共享时相互造就的过程，以这种"对话"教学来对待语文教育，更能深刻发挥语文课程的人文性。对话活动强调的"主体间性"正是言语活动，言语教育得以正常有效开展的决定性条件是尊重人格。发展人性的前提，也是尊重人格。在语文教学中，学生与文本开展对话活动，又与教师展开有关文本对话的活动，即"言语育人"，"言语育人"的过程体现出了语文教学的人文性，是语文课程文化性的集中体现。

第二节　地域文化与语文教育

正所谓"一方水土养一方人"，不同地域造就了不同的文化背景，每个地域也都会有其独特的文化印记。正是由于文化具有地域性，中华文化才能如此博大

精深，语文教育的内容也才会如此丰富多彩。

一、地域文化概述

（一）地域文化的概念

与地理概念相比，地域文化的本质更倾向于文化时空概念，地域文化对人的影响来自各个方面，包括语言、思维、精神、习俗等。有观点认为，地域文化亦可被称作"区域文化"，不过区域文化通常容易受到行政区划因素的影响，地域文化则主要受人文条件、历史条件等因素的制约，因此两者并不适合被等同起来。

（二）地域文化的划分

地域文化是一种最能够体现某个区域或某个空间范围特点的文化。对地域文化的划分，主要与中华文化在形成过程中所涉及的各个历史阶段的区域划分有关。不过地域文化很难严格按照区域进行划分，比如福建闽西、广东粤北、江西赣南等地的行政区划各异，但其都属于客家文化的一脉。

（三）地域文化的影响因素

1. 自然环境

影响地域文化的一个最重要因素就是当地的自然环境，我国多样态的自然环境是区域文化多元化的前提条件。人们通常所说的中原文化、吴越文化、巴蜀文化、岭南文化、赣文化等，基本都是根据地域来命名的，而这些地域的划分又与自然环境因素息息相关。

2. 人为因素

人是影响地域文化的又一重要因素，而移民又是导致地域文化发生变化的重要原因之一。在我国历史上曾经发生过多次大规模的移民活动，如"五胡乱华"曾造成中原民众迁移至南方，近现代又出现了三次大规模的移民，即闯关东、走西口、下南洋。这些移民活动均在习俗、语言等方面对地域文化造成了不可估量的影响。

（四）地域文化的特征

1. 独特性

地域文化包括在一定地域范围内形成的历史遗存、文化形态、社会习俗、生产方式等。每个地域都有其独特的文化标记，也正是因为不同地域在文化形态方面的不同，才使得我国文化呈现出博大精深、各具风格的多样化特点。而在古代，不甚便利的交通条件和各行政区域的相对独立性，则是维持地域文化独特性的重要原因。

2. 长期性与传承性

中华民族历经了数千年的发展历史，不同地域的文化形态也是在数千年的不断演化过程中逐渐形成的。通常来说，某个区域的历史遗存越多，其地域文化也就越丰富。

地域文化的传承性则主要体现在地域文化的名称上。如今我们常说的巴蜀文化、荆楚文化、吴越文化等，其名称大多源于春秋战国时期的诸侯国。尽管这些诸侯国早已不复存在，但其所具有的文化形态却得以延续至今，并长期影响着这一地区的人们。

3. 渗透性与包容性

不同地域的文化会随着历史的发展产生一定的接触与交流，并实现相互影响与转化，这使得不同文化圈的文化既独具特色，又蕴含着中华民族传统文化的统一性。尤其是在多种文化区域的交汇地带，更会形成一些兼具多元地域文化特点的特色文化，如，地处汉水上游的陕西汉中地区，就综合体现出了关陇文化（北部）、氐羌文化（西部）、巴蜀文化（南部）、荆楚文化（中部）的特点，从而形成了独具特色的汉文化。

二、地域文化对语文教育的影响

（一）地域文化对人的影响

地域文化对人的影响是全方位的，具体表现在语言、思维、精神、习俗等多个层面。地域文化的最深层表现之一，就是对人的再设计与再创造，并最终使人形成一种文化印记。无论是"吴越人的婉约、齐鲁人的豪爽、关东人的粗犷"还是"广府多实业家、潮汕多商人、客家多学者"，这些常见的说法之所以能够被不少人认可并流传下来，正是与其所反映的各区域族群的文化特点与人格特征有所关联。

（二）语文教育的新要求

语文教育属于母语教育，文化熏陶是语文教育的灵魂。冯骥才认为，地域文化（或称"民族文化"）主要由两部分构成，一是能够给人带来思想、力量、精神的精英文化；二是能够给人带来情感体验、凝聚力、亲和力的民间文化。民间文化是民族文化的根基，但当前我国语文教育普遍存在的不足之处就是在内容设计上过于重视主流的精英文化教育，而忽略了民间文化教育的重要性。

学校作为文化传承活动的带头人，会对文化的整体发展产生重大影响。一个完整的教育体系应当兼容精英文化和民间文化两部分内容，比如，一些高校会在开展地域文化研究的同时，将地域文化纳入学校的教育课程中，尤其是新课程改革的推进更是使地域文化逐渐成为地方课程、校本课程中的重要教育资源。总之，在新的时代，语文教育应当重视起民间文化的作用，加强对地域文化的研究与教育，使优秀的地域文化再次焕发出生机与光彩。

第三节　网络文化与语文教育

一、网络文化概述

（一）网络文化的概念

网络文化是文化的一个子集。对网络文化的理解可以从物质层面、精神层面分别进行。

物质层面的网络文化能够为人类的信息交流提供充足的物质环境、奠定坚实的物质基础。物质层面的网络文化主要分为三类：计算机网络设备、网络资源系统及信息技术，其中信息技术包含计算机技术与网络通信技术两种。

精神层面的网络文化是个体与群体的网络意识、情感、素养的集中表现。此类网络文化中，一部分会逐渐外化或物化为网络道德规范、网络基本原则等法规与制度；另一部分则会内化为网络思维方式、思想、情感、价值观念等文化心理结构。

（二）网络文化的特征

网络是第三次科技革命的产物，基于此而形成的网络文化作为一种全新的文化形态与价值观念，具有一些不同于其他文化的特征。

1. 技术性

网络文化是随着计算机技术、通信技术、网络技术的发展而不断形成的。换言之，信息技术是网络文化的物质基础，如果没有计算机、手机等物质载体，那么网络文化就不可能存在。因此，以信息技术为基础的技术性是网络文化的一个重要特点。

2. 虚拟性

互联网为人们构建了一个无比精彩的虚拟世界，在这个世界中，人们可以以任何身份、任意名字进入某一虚拟社区，成为其中一员，并与其他成员通过文字、语音开展各项活动。身处虚拟世界之中的人们或许并不知道与自己交流之人的姓名、性别，但这并不妨碍他们从事一些在现实生活中同样可以参与的活动，比如聊天、游戏、读书等。

3. 交互性

网络为人们提供了一种开放、双向的信息流通方式，身处在网络环境中的每一个人，都既是信息资源的生产者，也是信息资源的消费者，且生产者与消费者之间可以实现直接的交流与互动。网络文化作为网络环境下的产物，其在传播过程中同样突破了以往单向的信息交流局限，表现出多方向、深层次、大范围的交互性特征。

4. 开放性

信息技术打破了时间与空间的局限，缩短了人与人之间的距离。在网络环境中，任何人都可以按照自己的意愿，去和来自世界各地的人进行交流，去访问各类网络信息资源，去参与网络文化的传播。

5. 自主性

网络文化尊重个人意志，人们可以访问感兴趣的网站，针对问题发表自己的看法。而网络文化的自主性，也是造成网络文化在内容方面出现真假难辨、良莠不齐等问题的根源之一。

6. 创造性

网络文化的自主性与开放性使人们的个性得到了充分的展现，进一步推动了网络文化创造性的发展。网络语言的兴起与流行，就是网络文化创造性最典型的表现。

7. 快捷性

在查询信息方面，网络可以说是目前速度最快、最为便捷的一种媒体。通过网络发布信息的速度极快，而网络信息的更新速度同样很快。快速的变化是网络技术的发展特征，也是网络文化的发展特征。

8. 全民性

网络文化的出现，使人人参与、全民参与文化成为现实。网络文化不设门槛，不受政党、社会集团的力量规制，既无"把关人"之碍，也与专业、身份无关。在网络环境中，人们只要具备最基本的文化素养，就都可以通过网络文化的形式来展现自己的个性。

二、网络文化与语言教学

（一）网络语言对语言教学的促进

迄今为止，教育史上已经有过三次重大的变革。第一次是专业教师的出现；第二次是文字体系的出现；第三次是印刷术的出现。每一次的变革都使教育面貌产生了天翻地覆的变化。而当前以电子技术为基础的信息教育堪称第四次教育革命，它不仅为教育提供全新的传播手段，而且必将带来教育全方位的变化。而在信息技术中裹挟而来的网络语言作为急先锋已经率先登陆，拉开了传统的语言教学革命的序幕，对传统的语言教学起到推波助澜的作用。

1. 语言能力的培养

语言能力是接受、学习、认知、理解关于语言的知识及运用语言进行交际时表现出来的能力，它可分成语言本身的能力和语言运用中的能力两大部分。而语言运用就是依照一定的规则将语言符号同语境因素匹配起来的能力，同时在匹配过程中能进行自我创造。这样的语言能力事实上应该分解为能认知大量符号并识别其中的信息；能对语言营造的语境进行感悟；能对语言进行创造。传统的语言教学，一方面囿于自己的教学手段的落后，所能给学生提供的语言资源极其有限，于是学生可识别的符号极其有限；另一方面不注重对语言情境的创造，使学生不能很好地进行语境感悟，加上学生被动而又机械地接受语言知识，学生的语言创造能力、语言个性化很难得到发展。而网络语言丰富的信息资源、音响、图画、文字符号多种方式的全力呈现，以及言语主体地位的确立，有利于语言能力的培养。

（1）语境感悟能力

所谓的语境感悟就是语感，也就是对语言文字或语文现象的敏锐感知和迅速领悟的能力，是对语言文字从语表到语里，从形式到内容，包括语音、语意、语法、语用等在内的一种正确的丰富的了解能力。网络语言对学生对语境的感悟作用甚大。

（2）语言本身的能力

语言本身的能力应该包含语言先天习得的能力与语言知识，而语言的先天习得能力是与生俱来的。正如乔姆斯基认为："语言获得好比长胳膊长腿那样，是极其自然的、必然的。正如语言的能力，就像鸟会某种特殊的鸣叫，海狸会修筑大坝或者蜜蜂参加修造蜂房的复杂社会活动，那种能力一样是个体独有的。"人们的语言先天习得能力为语言的应用能力准备了基础，而这与我们今天话题无关。我们所说的主要是语言知识。一般来讲，语言知识的本原与人所在的社会民族环境、社会性决定了人对母语的掌握只能是对周边母语模态形式的选择，民族性决定了人对母语的掌握只能是对周边民族语的选择，并由此形成一个"语言装置"，它是由语音、词汇、语法构成的一个有机统一体。

网络语言的到来，首先给语言知识的本源提供了另一种途径。人对母语的习得不仅来源于周边的母语模态形式和周边民族语，还可以在网络中进行习得，也可以在网络中很好地应用。从母语变异过来的网语，不仅丰富扩大了语言的界面，展示了更为广阔的语言世界，而且将母语存在的形式由口头语、书面语拓展到另一种崭新的形式。在网络世界里，变异了的语音、语法、词汇重新组合，构成另一个崭新的有机统一体。它也有其基本的词汇和语法结构、有自己的文字读音，在某类意义上使学生具有又一种语言知识，这种语言知识有别于原有的母语的语言知识，但又是从母语中变异而来，既有利于对母语的习得进行参照，也有利于学生语言知识的积累。

（3）语言创造力的培养

语言创造能力是一种更高的语言能力。创造的结果，是使语言中增加了某一种新质要素，使语言的表达更鲜活，或使用起来更方便。创造能力更多是以交际能力为基础，它是频繁的交际中获得的灵感，它使语言日益丰富，让人们在利用语言的时候，有更广阔的选择空间。

原有的语言教学注重识字读文，通过对句子进行条分缕析的句法分析，力求使之严谨齐整。如句子中稍微有所活用，也是通过"意动用法、使动用法、状语前置"等句法概念，不厌其烦地告诫学生们要遵循语法规则，要在语言规范的园子里行走，千万不能翻过篱笆玩耍，外面是有"狼"的。这样人们在语言使用中很少敢尽情地想象与大胆地发挥。在原有的语法规则里，小心翼翼地行走，除了几个寥若晨星的诗人创造外（还经常招致诸多疯狂的批判），绝少有想象与发挥，更别说在原有的语言中增加某些新质要素，使语言表达鲜活、使用方便。

网络语言由于生成环境的虚拟性、个体性，加上人机对话，于是出现了我们渴盼已久的创造，为语言的创新提供了可能。

2. 语言教学观念的转变

语言是历史的产物、社会的产物，是人的思想意识情感的载体，是有生命的，它的鲜活性动态变化十分鲜明。我们的教学思想，如果只注重语言内部结构本身的系统性和学习规律中的循序渐进性，只是严格按照大纲与规范的要求来操作，汉语的字词句、段落篇章都会像搭积木似的严丝合缝。学生的语言学习只能变为机械的运动，学生的学习就变成了无意义的过程，学习必然枯燥、僵化而索然无味。语言教学的学习，主要是让学生获得听说读写的语言能力，而能力的获得需要言语主体积极参与作为前提。要求学生运用已有的认知，以"同化"和"顺应"的方式去获得词汇的意义和语言表达的基本规律。原有的语言教学注重语言的训练风格的精细，将语言肢解，使语言的韵味被打破，语言所包含某些动态的、鲜活的、人文的东西被格式化了，也无法构建语言主体的信息传输渠道，加上教学手段的单一，无法调动学生的兴趣和热情。学生整天处于被动应付、机械训练、死记硬背与简单重复之中，对它的内容总是生吞活剥、一知半解、似懂非懂。那么怎样才能使学生在语言学习中变被动为主动，确立自己的主体地位呢？网络语言的涌来，有利于言语主体地位的发挥，为我们的语言教学的观念变革提供了良好的参照与支持。

3.语言教学方法的创新

任何教学活动都是借助于一定的手段、工具展开的，语言教学也不例外。教学活动的具体过程、组织方式以及质量效益都和教学活动中使用的工具密切相关。先进的教学技术越来越成为人类教学进步的重要动力。当前随着网络时代的到来，人类正在步入一个全新的技术发展时期。正如联合国教科文组织国际21世纪教育委员会所指出的新技术使人类进入了信息传播全球化的时代，它们消除了距离的障碍，正十分有效地参与塑造明日的社会。网络语言及其依赖的网络技术为语言的教学方式和教学模式的变革提供了新的物质基础，同时也有利于语言教学方法的创新。

传统的语言教学方法，未能将"字词句段落篇章"连接成一个完整的整体来进行教学，而采用组合与拼盘的方法，割裂语言教学的完整性与动态性，同时在教学手段上，主要依靠"老师一张嘴，教室一块板，讲桌一支笔"来完成，教学效率不高。随着网络语言的到来，不仅使文学存在的界面发生变化，同时语言文字、文学、文化更变成了一个有机的整体，网络语言所蕴含的"声响、图画、符号、文字"也为我们构筑了一个立体的综合性的信息渠道，有利于调动学生在语言学习中多种感官的参与，增强对他们的感官的冲击力，有利于提高语言学习的效率。

传统的语言教学法强调语言的学习是一个由易到难、由简及繁、由浅入深的过程。学生总是从简单的文字到简单的句子再到复杂的句子；先掌握具体的词再掌握抽象的词。这虽然具有一定的好处，便于学生知识结构的稳定性形成，但却把语言形式的获得与语意的理解看成了各自形成的静态化过程。事实上因文解道、因道悖文是语言学习与语意的理解的一个永恒的辩证关系。网络语言的语言环境是"字不离词，词不离句"，这非常便于网民对语意的理解，在认知新字、新词时，完成了对语意的理解。它也为我们的语言教学，提供了某种启示。

另一方面，传统的语言教学是"集体识字、集体识词、集体识句"，这种教学方法显然忽视了人在学习语言时的个体性差异。网络语言的学习，可以"单独学习、分散学习、集中学习"，这种方法便于因人而异、因材施教，同时也便于交互式学习、合作式学习的升层。它是一种高智能化、集体化、数字化及多种文献载体于一体的文字信息资源系统和服务系统，便于读者查询、任意翻阅、下载、转发、打印，给语言学习提供丰富的语言资源和超时空的学习环境，也为未来的语言教学提供了一种新的思路。

（二）网络语言对语言教学的负面影响

1. 价值观念的失衡

毋庸置疑，由于西方（主要是美国）依仗着在网络上强大的技术及其背后的经济力量，所谓"网络一线通""网络一体化""网络全球化"，都是指以西方为主导的现代化同步过程，也可叫作"西化"过程。这一过程既给我们带来了先进的技术、文化，也带来了他们的思维方式、行为方式和价值观念，而产生了与我们传统文化价值的撞击，文化的冲突日益明显，它是"截然分割人类和引起冲突的根源……文明的冲突将左右全球政治、文明之间的断层线，将成为未来的战斗线……"（亨廷顿《文明的冲突》）。随着网络语言裹挟而来的西方的一些色情、暴力及责任感沦丧的一些价值观正疯狂撞击我们语言的传统堤坝，并企图占有我们主流语言的话语权。粗俗化既是网络企图摆脱传媒长期以来高高在上的语言格式化、空间化的一种努力，同时更是它对主流话语进行挑战的一个檄文，大量粗鄙化、毫无责任感、道德沦丧的语言弥漫在整个网络世界中，泛滥成灾的、庸俗不堪的各种内容充斥其间，格调低沉与颓唐堕落的价值观念也随其喷泻而出，甚至有一部分发展到语言暴力。

2. 语言无序化的影响

中国的语言形成的过程是一个有序的、不断规范的过程，同样中国语言教学在长期的教育实践中已形成了一套行之有效的方法原则，诸如"听说读写全面促进的方法、文道统一的原则"等。通过 2000 多年的教育实践与探索，它日渐成熟。尽管随着时代的发展，它也必然有一些需要做出改革与调整的地方，但是仍然具有无法替代的功能，在我们生活的任何方面都发挥着无与伦比的职能。网络语言的介入正在使这种职能受到应有的伤害与怀疑。网络语言在生成时因为网民们为了节省传输的时间和交流得快捷与方便，往往采取简化用字、谐音以及义符化的形式来进行对话的表述，随意性较大，造成了语言规则的无序，话语流程的无序，中心意义的无序。

这种无序化的语言的负面影响同时还表现在对于传统的语言教学方法的森冷的漠视。网民们认为在网络世界中通过对网络语言的存储加上远距离的再现，以及主体感受的全方面参与和创造，无论是在语言学习的速度与容量、手段上都是传统的语言教学方法所难以相比的，于是他们开始对传统语言的教学方法的所有合理性发起了挑战。他们高声呼喊着"革命"的口号，企图对传统的语言教学方法进行彻底的否定，"无序"既是他们的一种外在表现形式，也是网络语言本质上企图完全取代社会语言的一种努力，却忽视了网络语言毕竟是在母体语言环境中孕育而成的一种语言形式，仍然与母体保持千丝万缕的联系，更忽视了祖国的语言文字强大的生命力，以及它躯体中蕴涵着数字符号暂时甚至永远都无法揭示的丰富内涵。固然一杯香茗、一把纸扇、一张藤椅、一本古书类似的这种传统方式已成明日黄花，但谁又能否认它是"冰冷的键盘、单调的屏幕、僵死的符号"能替代的呢？网络语言肆无忌惮地践踏母体，当它尽情地扭动着躯体挥洒自由时，当它耀武扬威地作为一个新锐宣泄自己的快乐时，也正在离母体及应有的习得方法日渐遥远，不仅伤害了母体的端庄与严谨，也伤害了学习母语的规律与方法；一方面大量优秀的语言学习方法也完全被网络语言的衍生物——网络课件所遮掩；另一方面也使得那些执着于传统的语言学习方法的教育工作者们少有地自卑起来，使得语言学习的方法与研究在整个的"实践与研究"的学术言说中"失语"，从而产生了另一意义上的负面影响。

三、面对网络文化的语文教育

网络时代的到来和信息技术在教育领域的广泛应用，给语文教育的观念、目标、手段、方法等都带来了全新的变化，网络文化也渗透了人们生活的方方面面。信息时代的语文教育如何在网络文化的冲击下保持良好的发展态势，将成为教育领域的一个重大课题。

（一）网络时代语文教育的新理念

新媒体技术的普及极大地改变了人们的生活，对传统语文教育也产生了明显的冲击，构建语文教育新理念迫在眉睫。

《九年义务教育语文课程标准》明确指出，要在培养学生阅读理解、表达交流等基本能力的同时，提高学生运用现代技术收集、整理信息的能力，要拓宽语文学习与运用的范围，注重跨学科学习与现代科技手段的运用。只有这样，我们才能跟上当代社会信息化的进程。

《高中语文课程标准》强调，要让学生学会使用多媒体等现代传媒手段来展示自己的文稿，教师也要指导学生借助电脑来进行文稿编辑、版面设计、邮件交流等活动。

总的来说，语文新课程标准已对科学素养、信息能力、学科整合等方面给予了高度重视，而教育新理念的出现正是源于网络时代的到来。

（二）语文教育面对网络时代的新思考

1. 阅读与浏览、语文阅读教学能力训练的新变化

语文教育主要是以语言、文字为载体进行的。因此，阅读教学应是语文教学的重中之重。网络时代的到来使得人们的阅读方式开始发生变化，为了满足人们快速浏览与扫描的需求，语句开始变得短小、简洁，用词也越发简单，词汇量逐渐变小。为适应这种变化，语文教师应强化学生的浏览训练，提高学生对信息的获取、检索与重组的能力，具体可从以下几个方面着手。

（1）速读与精读

学生要想适应网络浏览的要求，提高快速阅读的能力，就要学会速读和选择性地精读。教师也要在学生阅读时加强对其的引导，将传统阅读与网络阅读结合起来。

（2）文字与影像

网络时代的多媒体教学通常是通过调动各类资源（如图像、声音等）来实现

教学目的，值得注意的是，过多的直观感性材料会对语言文字造成一定的冲击，并或多或少地限制学生的想象力，这一点在文学作品中体现得尤为明显。比如，小说在被影视化之前，每一位关注它的读者都会对书中的人物有着自己的想象，然而一旦有了真切的影视图像后，读者再去看小说时就会难以避免地在脑海里浮现出某位演员的身影。

（3）书写

近年来，随着电脑和手机的普及，越来越多的人开始用打字代替写字，并出现了"少写多认""提笔忘字"等诸多问题，书写潦草的情况也普遍发生在学生群体中。要想解决这一问题，教育部门就应推出针对大中小学各个阶段的学生的汉字书写等级标准，要求学生对汉字不仅要会认、会写，还要写得规范、美观。

（4）阅读与听说

"听"作为一种输入信息的常用方式，与"读"有着同等重要的地位。在现实交往中，"听"甚至比"读"更加重要。不过在以往的语文阅读教学中，对学生听力的训练普遍较弱，多媒体教学的开展则大大拓宽了听力训练的空间，学生既可以结合配乐朗读课文，也可以观看与课文相关的音像资料。教师还可以组织学生为"默片"配音，给教材中的插图配上解说词等，这些方法都会比单纯的朗读更加有利于提高学生的听力水平。

需要注意的是，强调听力训练的重要性并不意味着诵读是不重要的，事实上，诵读始终是学习语文的有效方式之一，其价值也远非多媒体教学所能取代。

（5）信息素质的培养

对学生而言，信息素养是指学生在借助信息技术进行学习的过程中逐渐形成的各项能力，包括利用信息工具与信息资源的能力、识别信息与加工处理信息的能力、传递信息的能力、以自主学习的态度解决实际问题的能力等。

在语文教育中，培养学生利用信息技术进行信息收集、信息处理的能力与提高学生在听、说、读、写等方面的能力是同等重要的。学校语文教育要想迎接信息时代的挑战，就要加强对学生信息意识的培养，将语文素养的形成与信息素养的培养紧密结合起来，这样才能体现出语文教育的时代特征。

2. 网络写作给传统作文教学带来新思考

网络写作的出现不仅对传统文坛造成了一定的冲击，也给语文写作教学带来了不小的影响。但不可否认的是，尽管网络写作存在不少缺陷，但从网络写作的角度对传统的作文教学进行审视，仍是有其益处所在的。

（1）写作的自主性

传统的作文教学倾向于按照一些"模板"去评判学生的写作水平，导致学生的作文普遍缺乏个性化的语言，也不敢真实表达自己对生活的感受。网络写作则强调写作的自主性，主张在写作中张扬个性。在网络写作中，写作这项活动更像学生对自己的心理与情感进行阐述的过程，当学生不再受题材、文体的限制，开始进入自由、宽松的写作状态中时，学生的个人才智也将得到充分发挥，并且可以通过个性化的语言进行充分表达。

（2）写作联系生活

写作与生活割裂、作文过于程式化是传统作文教学显现出的两大弊端，而这两大弊端也常常导致学生的作文缺乏真情实感。网络写作以"生活、随想、感受"为主题的理念则有助于引导学生真切地关注生活、感受生活、体察生活，使作文成为人际交往、感受生命的过程，这对传统作文教学来说是能产生一定启示的。

（3）正视网络语言对写作教学的影响

一切新事物的出现都会伴随着一定的连锁反应，网络写作的发展也必然会带来语汇的变异、语法的变异、文体的变异等。至于这种变异究竟会集中在哪些方面、能够产生多大的影响，则需要语文教师对此进行深入研究。

当前，网络语言的存在已经成为难以扭转的现实，越来越多的学生也开始将网络语言运用于作文写作中。面对这种现象，语文教师必须承担起规范汉语使用、传递语言稳定性的责任，同时还要正确、全面地看待网络语言与网络写作现象，引导网络写作与传统写作相结合，以使学生进入崭新的学习写作情境。

第四节　创新文化与语文教育

创新是一个国家、一个民族保持生机与活力的基本条件，创新能力的培养依赖于教育，教育对创新文化的形成起着至关重要的作用。

一、创新的概念与意义

（一）创新的概念

"创"有"创始""首创"的含义，"新"则可理解为"初次出现"或"改旧更新"，因此通俗来讲，"创新"即"抛弃旧的（过时的、不好的），创造新的"。

"创新"一词由来已久，其最早出现在《南史·后妃传》中，意为"创立""创造新的事物"。1912 年，奥地利经济学家约瑟夫·熊彼特（Joseph Alois Schumpeter）在《经济发展理论》中首次明确地提出了"创新"的概念[①]。1987 年，有学者提出了"国家创新体系"的概念，其中就涉及教育创新的问题。1993 年，美国战略学家德伯拉·爱弥顿在《知识创新：共同的语言》中对"知识创新"的概念提出了科学的诠释。

（二）创新的意义

1. 时代发展的要求

近年来，随着科学技术的迅猛发展，各行各业都纷纷涌现出创新浪潮，科技成果的转化、产业的更新换代所需的时间也都越来越短，科学技术作为第一生产力的作用越来越突出。越来越多的国家开始将创新作为国家战略，以期为经济社会的发展提供持久动力。

如今，人类社会已经步入知识经济时代，而创新正是知识经济的灵魂。在这一时代背景下，学校教育能否培养出大批的创新型人才，这对国家的发展而言是至关重要的。

2. 民族进步的灵魂

创新能力是一个民族、一个社会富有生机与活力的前提，也是一个国家综合

[①]　约瑟夫·熊彼特.经济发展理论［M］.北京：华夏出版社,2015.

国力的重要组成部分。建设创新型国家，形成自主创新的机制与制度，这是中国共产党在综合分析国内外发展形势后所提出的一项重要指导方针，而建设创新型国家的关键就在于培养具有创新能力与素质的人才。创新素质的源头是教育，作为基础学科的语文教育必须通过创新教学来为创新人才的培养打好基础。

二、创新教育

（一）创新教育的概念

创新教育是一种以培养人的创新精神、提升人的创新能力为基本价值取向的教育类型，以培养创造型人才为主要目标，属于人类最高层次的教育（教育的层次可分为继承型教育、发展型教育、创新型教育）。创新教育的核心是在全面实施素质教育的过程中，对基础教育如何培养中小学生的创新意识、创新精神、创新能力这一问题进行研究。

（二）创新教育的核心

1. 创新意识

创新意识是指人有目的地创造新事物的理念。当旧的事物不再适应新时代时，创新意识能够反映出人们对旧事物进行扬弃与革新的思维过程。在任何时代，新的发明创造的出现都是创新意识的结果。因此，学校教育应当重视对学生创新意识的培养，充分激发学生的创造性思维，以强化学生的创新情感，塑造学生的创新人格。

2. 创新精神

创新精神是指人在创造活动中所表现出来的精神状态，反映的是与创造活动紧密相关的、优良的个性品质。从一定程度上讲，创新精神会对创造活动的成败产生决定性影响。学校教育要想培养学生的创新精神，就要着重培养学生的创新志向、创新意识、创新性格、创新情感。

3. 创新能力

创新能力是指创造性地发现问题、解决问题的能力。在人的创造活动中，发现问题、提出问题有时会比解决问题更加重要。因此，创新教育必须重视培养学生善于发现问题并独立寻找解决问题的方法的能力。

三、创新文化的构建

（一）明确创新文化的构成

创新是一项能够充分发挥个人潜力、智力与能动性的创造性活动，故而创新文化的本质即多元一体的个性文化。

创新文化包含科学精神、人文精神两大要素。但要注意的是，尽管创新文化的目的是推动科技创新，但创新文化本身并不是科技文化，而是一种能够激发人的创新精神的文化。因此对个体而言，仅仅拥有科学精神是远远不够的，还要最大限度地挖掘人文精神的资源，使创新文化展现出良好的人文氛围、人文动力和人文关怀，进而实现人文价值。

（二）营造良好的创新环境

创新文化的意义在于激励人去创新，将人的潜能激发出来，并使其充分发挥。这就对创新的人文环境、学术氛围提出了较高的要求：第一，要尊重知识，尊重人才；第二，要调动一切可以调动的力量，激励人们全身心地投身于创新活动。总而言之，创新文化的魅力就体现在让人们通过创新实践为社会做出贡献的同时，实现自己的人生理想与社会价值。而营造良好的机会均等、地位平等、公平竞争、学术民主的社会环境，则是彰显创新文化魅力的前提。

四、语文教育中的创新文化

新世纪的教育是全面创新的教育，创新已成为时代的要求，创新教育需要渗透到各科教学中。语文学科也毫不例外，并且只有教师对本学科不断创新，不断注入活水，其才有发展前途，才有存在的必要。语文创新教育的目标就是造就大批创造型人才，而创造型人才的培养依赖于具有创造性的教师和创造性的教学，只有通过创造性教学才能使创新教育得到实现。

（一）语文教育中创新文化的特征

语文教育中的创新文化，一般具有以下几个特征。

1. 超越性

在语文教育中发展创新文化，无论是在培养目标上，还是在行为取向上，都是对现有语文教育的突破，也都是在以"求新"为灵魂。这种超越性体现在对前人经验的批判继承而非纯粹复制。因此，要想彰显语文教育的超越性，就要先从思想观念上破除"偶像崇拜"，要勇于质疑，乐于探索，敢于超越。

2. 开放性

语文教育创新文化的开放性是由语文教育本身的特点决定的。在教学思想上，语文教学观念主张语文教学要紧密联系生活：一方面要将学生引向广阔的社会；另一方面要将生活的"活水"引入课堂教学。在教学内容上，要重视课内与课外的衔接，将课内所学的知识迁移到课外实践中，不可局限于教材。在教学模式上，要坚持启发式教学，避免注入式教学，激发学生发现新知识、创造新知识的意识。

3. 差异性

受家庭背景、成长环境、教育基础等因素的影响，不同学生的语文素养是有所差异的。因此，语文教育创新文化必须尊重学生的差异性与自主性，按照学生的兴趣、特长加以引导，以培养出富有个性与创造性的后备人才。

4. 整合性

语文本身就是一门涉及学科多、联系范围广的学科，其与历史学、哲学、教育学、心理学等人文学科均有所关联，同时还会用到信息论、系统论、控制论等自然科学方法论的知识。因此，语文学科具有鲜明的整合性。相对应地，语文教育创新文化同样具有整合性。

（二）语文教育中创新文化的发展

要想在语文教育中推动创新文化的发展，教师就要对学生的创新意识进行强化，同时注重培养学生的创新思维。

1. 强化创新意识

创新意识是学生进行创新学习的起点，它指的是学生在听、说、读、写的过程中，主动发现问题、探究问题的心理取向。好奇心、求知欲、创新需要等因素是创新意识的主要来源。因此，要想强化学生的创新意识，就要让学生敢想、敢说、敢做，这样学生才会渴望创新、追求创新、参与创新。

2.培养创新思维

创新思维是人的大脑中最高层次的思维。要想培养学生的创新思维，教师应鼓励学生创新性地解决问题，对所学知识能够举一反三；对于同一篇文章，教师也应允许不同学生形成不同的感悟与理解。总之，创新思维的培养应从培养发现思维、培养求异思维、提高想象力等方面着手。

语文教学不应仅仅拘泥于语言运用能力、文学素养的培养，还应注重对创新思维潜能的开发。要充分发挥学科优势，让学生展开想象的翅膀，激发起创新的欲望，使语文学科成为创新人才培育的重要阵地。让学生在广泛的作品阅读中汲取知识，认识社会，感受生活，在写作训练中抒发情怀，感悟人生。思维品质是人思维的个性特征，是学生思维能力的重要标志，体现了个体间思维的水平差异。所以培养学生的创新思维能力就必须抓住学生思维品质这个突破口，实行因材施教，逐步完善学生良好的思维品质。

语文是基础学科，语文教学内容丰富，练习形式多样，是培养学生创新能力的广阔天地。教师要创造性地挖掘、研究、使用教材中的创新性思维因素，激发学生的创新兴趣，用适当的创新性教学形式、教学方法、教学语言来启迪学生的创新性思维，从而培养学生的创新意识和创新能力。

第三章　语文教育设计与应用

语文教育要想实现良好发展，就必须确保语文教育观念相益、步调相协、成果共享。因此，进行语文教育设计是十分必要的。

第一节　语文教育设计

语文教育设计是教学设计系统中的一个子系统。语文教学是师生相互作用、相互推进的特殊信息传播的一个动态过程。

一、语文教育设计的特征

为了凸显语文学科教学的个性，语文教育设计不仅需要考虑语文教学过程中的一般矛盾，还要考虑语文教学过程中的特殊规律与特殊矛盾，而把握语文教学设计的特征是极其必要的。

（一）模糊性与精确性的统一

语文是一个以语言为根本，由文字、文章、文化等多种因素构成的综合体。作为一门具有多重属性的人文应用学科，语文学科的本质属性就是工具性与人文性的统一。语文教学的目标是培养学生的语文能力、发展健康个性、培养健全的人格，而该目标的实现并非完全依靠教师的说教和学生的机械操作，而是要在学生日常的积累、感悟与熏陶中达成。

语文学习的一个主要内容就是语感的形成，语感指的是人对语言直觉的感知、领悟与把握，其与形象思维存在紧密的联系，具有很强的模糊性。语文的一个突出特点就是具有很强的综合性，语文教学具有知识功能、文化修养功能、思想情感教育功能、审美教育功能、发展个性与创造力功能等等，这些功能在发挥作用时并非简单叠加，而是应该将它们整合为一个不可分割的功能整体。因此，致力于解决语文教学过程中的问题与语文教育设计的矛盾，必须做到严密、精确，同时也要保持较大的弹性与空间，从而为教师的教、学生的学留有想象、回味的余地。

此外，依照教学目标实现的完善程度来说，语文教育的达成目标（学习语文知识、训练语文能力）是每一名学生都必须达成的目标，该目标的特点是具体化、可量化、可测定性，它属于一种具有较强客观性的目标。而期望目标（如情感教育、智力开发、审美教育、人格教育等）是教学中期望达成的目标，其只能给出取得教学效果的发展方向与最大范围，而无法产生近期的、明显的行为变化，因此这类目标的实现通常隐藏于目标实施的过程中，融合于能力训练、知识掌握的各个环节中。因此，语文教育设计必须坚持模糊性与精确性的统一。

（二）整体与局部的统一

教育设计的一个固有特征就是整体性与系统性。在语文教育设计中，语文学习的浑然性决定了语文教学的目标具有一定的综合性。举例来说，语文学习的主要内容是以各类文章为表现形式的课文，而课文则是对社会科学、自然科学各个方面的反映。学习课文的过程就是发现和认识整个人类社会的过程，语文学习最突出的特点就是对人类社会整体的感悟与把握。因此，语文教育设计具有明显的整体性特点。

与此同时，语文整体的、综合的目标，也需要教学的细节和局部的优化操作才能实现，即使是对一个词语的解读，也需要经过感知、理解、表达等过程。

总体而言，语文教学过程是十分复杂的，这是因为学习的过程中包含许多环节，教育设计要根据不同的学习需求提供相应的学习条件，并落实到每一个细节上，以确保每个局部设计都能得以实现。而局部与整体是有机统一的，整体的教育设计可以对局部设计起指引的作用，局部设计则体现出整体设计的特征与目的，从而使局部具体学习行为与整体的学习行为保持一致，进而为整体学习目标的实现而服务。

（三）确定性与灵活性的统一

教学设计是一项具有很强科学性的教学技术工作，而所有科学的事物都不是固定不变的，而是包含着很多发展变化的可能性因素。语文教育设计的科学性决定了其具有确定性的特点，而语文教育设计的发展变化特点决定了它还具有灵活性。因此，语文教育设计具有确定性与灵活性相统一的特点，这主要表现在以下几个方面：（1）语文教育设计程序是相对固定的，而程序在具体运用的过程中需要灵活掌握；（2）语文教学媒体是确定的，而对教学媒体的使用具有灵活性；（3）语文教学目标、教学内容是确定的，而教师与学生的理解与需求具有灵活性。

二、语文教育设计的类型

语文教育设计的一个结果就是产生能够操作的教学程序，而那些稳定的、具有普遍意义的教学程序被叫作教学模式。教学模式指的是在一些教学理论和教学思想的指导下，形成的有关教学的活动程序与结构框架。其中，活动程序是指按照学习和发展的规律而逐渐形成的较为直观的行为步骤，而结构框架是指在教学理论指导下对师生、教材、教学技术、教学媒体的有机组合。

（一）教学模式的结构与特点

教学模式这一概念最早是由美国学者提出的，对 15 种教学模式进行了分类研究，并将其分为四种教学模式的类型：着眼于人格发展的教学模式、着眼于人际关系的教学模式、着眼于信息处理的教学模式，以及着眼于行为控制的教学模式。这四类研究为后来学科教学模式的探究提供了借鉴。

1. 教学模式的结构

教学模式是教学设计的物化状态和标准化形式，是理论化的综合性方法系统。该系统的结构相对来说比较固定，主要包括以下几个方面。

（1）主题

主题即教学模式得以建立起来的教学理论或思想，其为教学模式提供了理论支撑，对教学模式的教学价值、个性特征起着决定性影响，同时还对教学模式的基本活动程序与结构框架起到规范作用。

（2）目标

教学设计的主要目的是解决教学中存在的问题与矛盾，进而实现既定的教学目标。而教学模式也是为了实现既定的教学目标。在教学模式结构框架中，教学目标是核心因素，其会对其他相关因素产生较大影响。不过，这里提到的教学目标通常并非具体的课时、课题、课件的目标，而是某种教学设计类型（即教学模式）的总体目标。

（3）资源与条件

作为教学设计的物化状态，教学模式存在于一定的空间与时间内，它离不开具体的教师、学生、教学媒体、教学环境、教材等提供教学信息资源与开展教学活动的客观条件。如果教学信息资源与客观条件不同，或者是将相同的教学信息资源与客观条件进行不同的组合，就会形成不同的教学模式。无论哪种教学模式，只有在某种特定的条件下才能产生应有的效果。

（4）程序

教学模式最具有指导价值的部分就是其具有可供模仿与学习的、可操作的教学程序。例如，我国教育学者提出的六步课堂教学模式（定向—自学—讨论—答疑—自测—自结）就是一个具体的、具有较强可操作性的教学程序。

（5）评价

评价即对教学模式效能的评价，其主要包括两部分，一是对教学程序阶段性效能的评价，二是对教学模式整体效能的评价。在设计教学模式时，要根据教学模式本身的理论支点、目标追求、适应条件和程序特点，设计出科学合理的评价标准、具体且切实可行的评价方法。

2. 教学模式的特点

教学模式作为联系教学理论与教学实践的纽带，能够有效提高教育、教学理论研究的实践价值。教学模式具有可操作性、移植性、创新性等特点，具体如下所述。

（1）可操作性

教学模式包含一定的教学思想与教学观念，同时它还表现出与教学思想、教学观念联系紧密的操作行为，将抽象的教学理论和具体的教学行为相结合，是一种形象化的、直观的教学理论。对教学模式设计者而言，教学模式的这一特点使得教学模式设计者的理论研究走向实用化，从而有效避免其教学研究走向空泛的形式主义；对学习者与借鉴者而言，他们可以先模仿某种可操作性较强的教学模式，然后进一步理解教学相关理论的实质，最终达到变革与创新的目的。

（2）移植性

教学模式作为一种综合的理论化系统方法，其本质上属于方法系统的范畴。无论哪种方法，都会有一定的条件限定性，但其并不仅仅属于某一学科或某一教学阶段，也不属于设计该方法的某个人。教学模式有着很强的适应性，只要教学条件合适，所有人都能移植或借鉴任何的教学模式。因此，教学模式具有移植性，而教学模式的移植性对先进教学理念的快速普及、教学理论与教学经验的交流与发展有很大的促进作用。

（3）创新性

教学模式是一种较为稳定的结构框架，是教学设计者通过反复的理论论证和实践检验后逐渐形成的。要想使教学模式的理论研究与实践操作更趋于教学的最优化，即以最少的时间、最小的精力获得最大的效益，教学设计者就必须不断地借鉴吸收先进的教育理论和教学观念，用以不断地改进与创新教学模式。不过，教学最优化只是教学研究与实践努力的方向与目标，是一种理想状态。人们研究教学模式只能提高教学最优化的实现程度，而无法达到教学的最高境界。因此，教学模式具有强大的生命力，任何一种教学模式都始终处于不断的发展、创新中。

（二）语文教育设计中的教学模式类型

从古至今，教育家们根据不同的教育理论和教学条件，设计出许多教育、教学模式。从教学理论与教学实践导向的角度来说，语文教育设计的教学模式类型可分为以下两大类。

1.目标导向模式

下面介绍几种以目标为导向的语文教学模式，如表3-1-1所示。

表 3-1-1　以目标为导向的语文教学模式

模式名称	模式内容	目标
目标教学模式	课前制订教学目标→课堂展示教学目标→教师指导学生达标→课堂检测达标情况→补救失误保证达标	实现行为化的知识、能力与思想目标，强调对学习行为的控制
六课型单元教学模式	自学→启发→复习→作业→改错→小结	培养学生的自学能力，达成既定的知识与技能教学目标
六步课堂教学模式	定向→自学→讨论→答疑→自测→自结	从教学管理着手，培养学生的自学与自我教育能力
"三主"教学模式	以学生为主体，以教师为主导，以训练为主线	在向学生传授学习方法的同时，使其掌握知识，培养其能力，发展其智力
"八字"教学模式	读读（学生自读）→议议（学生互议）→讲讲（师生互讲）→练练（学生练习）	在学生掌握知识的同时，培养学生多方面的能力，提高学生智力水平
五步三课型反刍式单元教学模式	每个单元的教学分总揽→阅读（包括导读、仿读和自读）→写说→评价→补漏；在每个步骤中都包含三种课型，分别为自练、自改、自结	以培养学生自学能力与主动参与的精神为目的，追求语文教学的高效低耗

2.过程导向模式

以过程为导向的语文教学模式，如表 3-1-2 所示。

表 3-1-2　以过程为导向的语文教学模式

模式名称	模式内容	目标
情境教学模式	扩宽教育空间→缩短心理距离，保持最佳情绪状态→通过角色效应，提高主题意识→重视实际操作，落实全面发展的教育目标	以激发和调动情感为核心，创设出美、智、趣的教学情境和亲、助、乐的人际情境，根据学生的情感需求与情感发展规律来开展语文教学，追求语文教育的整体效益

续表

模式名称	模式内容	目标
和谐教学模式	准备（身心、知识、学习情境）→导学（自学、点拨、讨论）→评价应用（推荐作业、激活练习、发挥创造）	遵循学生身心发展规律，追求教学活动与学生身心发展的和谐共振效应，追求学生身心和谐全面发展
启发→发现教学模式	启动发现欲望（创设问题情境）→开展发现互动（建立问题假设）→深入阅读实践，收集发现材料→交流发现结果，并进行综合比较与筛选→取得发现认同，继续深入研究	提供主体的、和谐民主的课堂教学方法，实现学生认知、技能、情感的全面发展
启发→创新教学模式	感性体验→问题思考→理性讲授→具体运用→反馈评价	以理性教育与非理性教育相结合为理论依据，使学生在学习的过程中通过思考问题，追求创新教育价值
启发→建构教学模式	展示学习情境→自主学习→协作学习→效果评价	强调教学过程中师生之间民主、平等、合作的关系以及师生各自的主体性；教师通过诱导、启发的方式使学生自主、创造性地学习，并将所学内容内化于自己的心理结构中，构建出新的主体性文化

第二节　语文教育的纵向设计

语文教育的整体设计对于语文教育而言具有十分重要的作用，其包括纵向设计与横向设计两类。

一、基于语言文字应用观的设计理念

按照语言文字应用观的相关理论，语文学科的根本目标是培养学生的语言文字素养与语言文字的应用能力。语言文字应用能力的培养是语文学科的立足点与出发点，对语文教育进行纵向的整体设计也应以此为基本立足点与指导思想。

现代系统论认为，世界上的事物因为不同的标准而被划分为不同的系统，而系统指的是诸多要素保持有机秩序并按照相同目的行动的整体。该理论将要研究和处理的对象看作一个系统，对系统的功能、结构进行分析，然后通过对系统、要素、环境三者之间的相互关系与变动规律进行研究，来达到优化系统的目的与效果。

语文教育也是一个系统，要想解决语文教育中的各种"脱节"问题，我们在进行语文教育设计时，就必须树立整体设计的意识，从纵向角度对小学、初中、高中的语文教育进行整体规划，以提升学生的语文能力为出发点，利用系统方法，建立起由低到高、整体系统的语文教育体系，以帮助学生学好语文学科。

二、语文能力训练的科学衔接

中小学语文教学纵向层面的"脱节"问题要想得到解决，科学合理的纵向总体设计是十分必要的，不过该设计要建立在对语言发展规律的认识与把握的基础上。认知心理学与发展心理学中都包含对语言发展规律的研究，不过它们的研究重点是学前儿童的语言发展，专门针对学龄儿童与青少年的语言发展规律的研究则相对较少。尽管如此，现有研究仍然可以为中小学语文教育的整体设计提供一定的支持。

国际心理学界对语言发展的研究主要集中在八个层面，具体如图 3-2-1 所示。

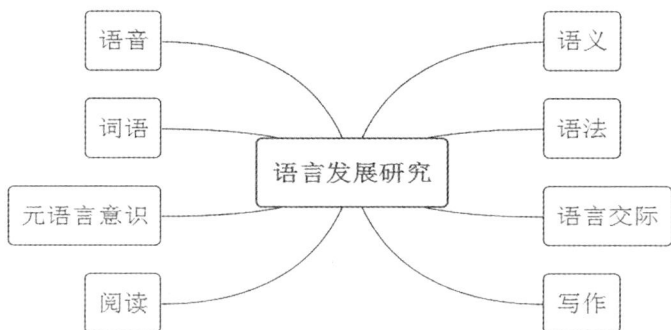

图 3-2-1 语言发展研究的内容

以下分别对这八个层面的发展与衔接进行阐述。

（一）语音的发展与衔接

一般来说，婴儿在 4~6 个月的时候会开始发出类似于言语的声音，并一直持续到 1 岁到 1 岁半左右。相关研究认为，这一阶段婴儿的这种"呀呀语"，虽然主要是受成熟因素的影响，但也受到周围言语环境的影响。他们的"呀呀语"之后会逐渐向单词、双语词、简单句、复杂句等方面发展，并逐渐发展为各种声调、韵律等。到了上小学时，儿童在语音方面的发展其实已经与成人没有多少差异。

由此可知，语音能力是儿童最早发展起来的语言能力，在上小学之前就已得到比较充分的发展。这就意味着，在小学甚至在小学的低年级阶段，教师就能开展汉语拼音的教学，还可以结合词语、句子、儿歌等朗朗上口的材料内容，来做声调、韵律等方面的领读示范，以使学生体会到不同声调、韵律带来的美感。随着学生认知能力、语言能力的提高，在小学高年级至中学阶段，教师就可以通过诗词歌赋等文学作品，巩固提升学生语音方面的能力。

（二）词语的发展与衔接

大约在 10~13 个月的时候，儿童开始形成最初的词语，刚开始他们发出的都是单词语且发展比较缓慢，而到了 18 个月之后，儿童的单词语开始逐渐结合为双词语，且词语数量会骤增。当然，他们说出的主要是其周围事物名称的名词，如爸爸、妈妈、球、狗等。

在词语的使用上，儿童往往表现出过度扩大性使用，也可能表达某种特定情境下的某个意思，如儿童说"球"，可能并不只是表达"那是球"，而更可能是表达"我要球"。此外，儿童还会创造新词，如"老孩"等。随着词语数量的增多，儿童开始逐渐将双词语联合起来并创造短语句子，如"爸爸坐""妈妈袜子"等。

在整个小学阶段，儿童在词语方面继续发展，尤其体现在词语数量的扩大上，同时还开始有了同类词语的概念，甚至能够给词语下定义。如，由"吃"联想到"饭"，将"小刀"说成"你切食物时用的东西"。此外，小学阶段，学生会出现对同义词与范畴关系的解释，如锯子与小刀类似，也能够当作一种武器，这意味着学生在纯言语层面上处理词语意义的能力逐渐提高。儿童还可以通过大量的词语认知掌握一定的构词法，他们能够通过分析词语的结构来领会其意思，还能通过上下文的情境猜出很多单词的意思。

到了小学高年级与中学阶段，学生的词汇量进一步扩大，其中包括大量的抽象词语。由于书面语言中包含的词汇要比口语复杂得多。因此，阅读对学生词汇量的增长具有十分重要的作用。

此外，通过反思与分析的途径来学习语言，可以提高学生的形式运算能力，帮助学生理解一个词语的多层意思，进而理解一些词语的微妙心理隐喻及句子的深层含义，还能使青少年学会运用讽刺或挖苦等言语表达形式。

总体而言，随着抽象思维的发展，学生可以分析词语在句子中的作用，且其运用词语的能力也有了很大的发展。

（三）语义的发展及其衔接

儿童是根据语义表达的需要来组织语言的。从儿童语言发展的双语词阶段开始，大部分双语词主要表达了以下八种语义关系（如图3-2-2所示）。

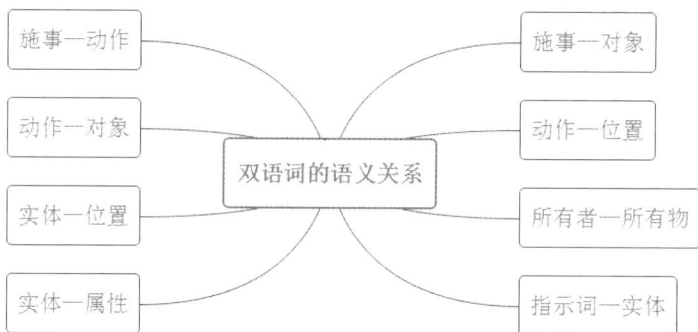

图 3-2-2　双语词的八种语义关系

在此之后，上述的几种语义关系逐渐扩展、联合成更大的单元，且出现了新的语义关系，如"爸爸开大汽车"，这些都是语义表达能力提高的体现。此外，学生在语义方面的发展还体现在对词义的掌握上，他们会对自己已经掌握词语的词义进行调整与提炼。

总之，学生在语义方面的发展呈现出从单一语义关系到复杂、综合语义关系的演变。

（四）语法的发展与衔接

当语言发展到双语词的阶段时，儿童其实已经具备了一定的语法知识，最直接的证据就是他们开始注意到词语的顺序，并可以通过不同的词序来表达不同的意义，如"妈妈打"与"打妈妈"。再之后，儿童表达的句子逐渐形成层级语法结构。

到了小学阶段，学生开始对过去所犯的句法错误进行纠正，同时他们开始学着使用过去不曾使用过的复杂语法形式。换句话说，就是学生开始学会用一种联结的方式使用语言，通过将句子联系起来，做出关联性的论述，来对事物进行详尽且有意义的描述。

在初、高中阶段，学生已经可以使用一些更为精巧的语法结构，且学生可以准确有效地分析和纠正语法中的一些错误，直到构建起一个丰富、内隐的功能性规则的语法网络。

总之，从小学到大学，学生始终在改进和完善自己的语法，学习语法规则的例外情况。为此，学生必须有计划地学习语法知识的相关内容。

（五）元语言意识的发展与衔接

元语言意识即有关语言的认识，指的是将语言作为一个系统来思考并对其特性与作用进行评论的一种能力。它可以帮助儿童对自己的语言进行思考、理解，甚至对词语进行定义，还可以帮助儿童根据所给信息做出一定的语言推断。元语言意识通常是在儿童4~5岁时出现，且主要表现在语音、语法方面的意识。

小学期间，学生的元语言意识有了很大的发展，定义词语成为学生课堂言语表达的常规操作。另外，学生在根据交际情境进行合适的言语表达方面也有很大的进步。

到了小学高年级与中学阶段，学生的元语言意识有了更大的发展，其不但能顺利地定义词语、分析单句与句群的句法，还对言语理解、言语表达的语用规则、隐喻和讽刺等语言表达手法等有了更深层次的认识。

总之，教师从小学阶段起就要注意引导和培养学生在元语言意识方面的能力。

（六）语言交际的发展与衔接

语言交际能力是在前面几项能力的基础上建立起来的，当然还包括一些体态语言，如动作、神情等。

在语言产生之前，婴儿可以通过发声、注视、用手指等引起周围人的注意并表达自己的意图，还可以通过眼神、动作等做出反应。在语言产生以后，这些交际技能仍旧可以与语言相结合为儿童所用。

随着认知能力与语言能力的提升，在社会交往中，儿童获得了大量的关于语言使用方面的知识与技能，并逐渐掌握了更加高级的言语行为。儿童逐渐可以理解超出句子字面意思的隐含意思，如有人说"这里真吵"是想表达"请安静些"的意思。儿童也逐渐学会根据倾听者的反馈来调节自己的话语信息，如4岁的儿童会试图用"大人的口气"与比自己小的婴儿说话。

学生会不断地提升自己的会话策略，懂得运用合适的措辞来达到自己的目的。如当学生第一次被拒绝之后，其通常会以更礼貌的方式再次提出请求。而与不同的人在不同的场合打交道，有助于提高学生语言交际的技巧与能力。此外，学生也喜欢学习一些青少年专用行话或网络流行语。

（七）阅读的发展与衔接

阅读是一项综合技能，一些儿童在进入小学之前就已经具备了一定的阅读技能。到了小学阶段以后，学生的阅读水平提升很快，但学习顺序基本都是从字、词、短语，再到句子，最后是整篇文章或整部作品，阅读的文体从儿歌、童话到浅显的散文、戏剧、小说、诗歌以及故事性强的记叙文，再到比较复杂的记叙文、文言文、诗赋、小说、说明文、议论文等。

在小学低年级，学生阅读的形式主要以朗读为主，阅读的内容主要包括儿歌、浅显的童话、一些日常故事等；到了小学中高年级，随着儿童语法、语义、元语言意识的发展，学生能够阅读一些介绍自然景观、自然现象、著名建筑物、世界各地风土人情等一些浅显散文与说明性短文，还有古今中外的一些名人故事和民间传说等。在小学阶段，教师要求学生准确且富有感情地朗读，同时也会训练学生的默读和速读能力。

到了初、高中阶段，随着学生认知能力、语言能力、逻辑思维能力的提升，他们能够理解更为复杂的文字作品，特别是在高中阶段，许多学生都是具备阅读能力的阅读者，他们掌握从多个角度理解阅读材料的能力。鉴于此，在这一阶段，阅读教学要以记叙文、议论文、说明文、应用文等不同文体和散文、诗词、小说、戏剧等各种文章为中心。

在这一阶段，阅读的教学目标基本可以分为三个层次：第一层次为普及知识层次，要求学生掌握不同文体的基本特征、写作要点等；第二层次为深度理解层次，要求学生理解和表达出观点、人物、景物、情感、语言以及文章的内涵等；第三层次为初步赏析层次，要求学生能够通过对作品叙事方法、语言特色、写作风格的分析，体味到作品中包含的意境美、语言美，以及作品表达的思想与艺术内涵等。

（八）写作的发展与衔接

书面语言活动的高级形式就是写作。写作能力是一种综合能力，其形成以口头表达能力为基础，且需要具备良好的阅读能力。2~3岁儿童所做的涂鸦可看作写作的开始，之后随着元语言意识、认知能力、口头表达能力的提升，写作能力会逐渐得到发展。

一般来说，学生在小学阶段已经能够准确、连贯地表达出别人能够理解的思想；在中学阶段，学生的写作能力进一步得到提高，他们已经初步掌握了一定的写作知识，并能够较好地表达自己的思想感情和处理逻辑关系等。此外，学生还能按照介绍、主体、结论的顺序组织写作。

鉴于此，教师在进行写作教学之前，要对学生的观察、组织、想象、逻辑推理等认知能力进行训练，引导学生进行构思，对自己在生活中观察到的、记忆中保留的"材料"进行加工、改造，然后以书面语言的形式表达出来。在小学阶段，教师可以要求学生多积累素材，或者组织一些活动，鼓励学生写观察日记来指导学生写作；教师还可以提供一些范文供学生模仿写作，然后是半模仿写作，最后进行独立写作。在小学高年级与中学阶段，教师可以通过组织读书报告等活动来对学生的思维能力与表达能力进行训练，引导学生对同一个素材进行不同思路的写作，并结合文体特点有针对性地进行写作指导。

总体而言，小学阶段教师要重视对学生写作兴趣、写作习惯的培养，初中阶段要重视对学生记叙能力、议论能力的培养，高中阶段则要重视学生探究能力、批判能力的提高。

三、语文教育和终身语文学习

语文能力的培养与提高伴随人的一生。因此，我们必须树立贯穿于小学、初中、高中、大学、工作、退休这人生六大阶段的终身语文教育观念，且该观念要始终贯穿于基础语文教育的纵向设计。终身语文学习的理念既可以使我们以更宏观的视野对中小学语文教学进行审视，还可以使人们更加关注中小学之后的语文生活问题。具体来说，要想树立和践行终身语文学习的理念，我们要做到以下几点。

（一）养成良好的学习习惯

养成良好的学习习惯是终身语文学习的基础。在日常的语文课堂教学过程中，语文教师要认真对待每一名学生，积极引导学生养成规范书写、推敲语言文字、说普通话、熟读背诵课文、阅读优秀课外读物、积累语言材料、记日记、勤查工具书、勤思考爱质疑等良好的习惯。良好的语文学习习惯的养成，能够为学生终身学习语文奠定坚实的基础，同时也可以使学生一生的语文生活都变得丰富多彩。

（二）掌握科学的学习方法

掌握科学的学习方法是终身语文学习的前提。目前，语文教学逐渐从以知识为中心转变为以能力为中心，但这并不意味着要否定知识的作用，排斥语文知识教学。知识与能力是紧密联系在一起的，精炼、易懂、有用的语文知识是语文能力训练的重要基础。语文知识能够反映语文运用的一些客观规律，学习这些语文知识，特别是学习程序性的语文知识，能够有效提高学生运用语文的自觉性，这对学生语文能力、文化素养的提升具有重要作用。

新的教学观念认为，语文学习的主体是学生，教师的教法从根本上来说是通过学生主体活动来获得效能的。学生主体地位的确立，使人们越来越重视学法及学法指导。总体而言，语文教师在教学的过程中要注意激励、启发、引导学生自主学习，教会学生如何学，而不是直接将现成的结论告诉学生；学生则要在教师的引导下积极主动地学习，掌握科学的学习方法，自觉树立终身语文学习的思想。

（三）潜移默化地使学生形成终身学习的意识

终身学习是一种积极的生活态度，其不仅是今后工作、生活的需要，也是社会发展的需要。当今世界，科学与信息技术快速发展，新的交流媒介不断出现，这都使得社会语言生活发生了极大的变化。学生在中小学阶段所掌握的语文能力只是在打基础，它是无法满足一生所需的。学生在中小学阶段以后，必须随着社会的发展不断地学习，只有这样才能过好以后的语文生活。"活到老，学到老"是语文教育的箴言，所有学生都必须树立终身语文学习的意识。

自新课程改革以来，我国一直提倡学校教育、社会教育（成人教育）、家庭教育的有机结合，而开放的终身教育思想也深受人们的欢迎。要想实现高品质、高层次的语文追求，就必须依靠终身教育的支持。中小学教育不仅要指导学生掌握语文学习的科学方法，还要引导学生树立终身学习、可持续发展的理念。这就要求学生珍惜在校学习的机会，在掌握语文知识与获取这些知识的科学方法的同时，提高自己的自主判断能力和自主选择能力，确立终身语文学习的理念，养成自觉、主动、持续学习的意识和良好习惯。

总体而言，语文教育的纵向整体设计为语文教育提供了各个阶段的整体框架与思路，这对于形成衔接有序、科学合理的体系十分有利。语文教育纵向设计的切入点主要包括能力维度、学段规划、终身学习理念三个方面，做好这三个方面的工作将有效解决语文教育中的"脱节"问题，进而引导语文教育走向科学化发展的道路。

第三节　语文教育的横向设计

语文教育的横向设计旨在协同创新，即通过厘清语文教育内部要素之间的各项关系，使课程、教材、教师、教学、评价等要素相互协调，从而实现语文课程与其他课程的有机贯通，最终构建起和谐、合理、有效的语文教育体系。

一、语文课程与教材的协调关系

（一）语文课程各要素间的协调关系

1.语文课程三维目标之间的协调关系

语文课程目标的设计通常是从知识与能力、过程与方法、情感态度价值观等方面进行的。从课程目标的内部取向看，课程目标可分为行为目标、展开性目标、表现性目标三种类型，其中，行为目标是指具体的、由可操作的行为陈述的课程目标，能够反映出学生在课程结束后所发生的行为变化；展开性目标是指在教育情境中，伴随着教育过程的展开而自然生成的课程目标；表现性目标反映的是学生在具体的教育情境中所形成的个性化表现。总的来说，语文课程要在明确行为目标的基础上，兼顾展开性目标和表现性目标。

2.语文课程各部分内容之间的协调关系

语文课程一般包含语文知识、语文能力、人文素养三项内容。语文知识指的是关于听、说、读、写的事实、概念、原理等陈述性知识；语文能力是指学习者在运用有关听、说、读、写的概念与原理时，能够稳定表现出来的某项能力；人文素养是指学习者基于语文知识与语文能力而形成的语文涵养，其中情感态度与价值观是人文素养的核心要素。

语文知识、语文能力、人文素养三者的关系具体如下：（1）语文知识是语文能力的形成基础，但并非所有的知识都能转化为能力；（2）人文素养一方面渗透在语文知识、语文能力的情感体验与心理倾向中，另一方面又蕴含在语文实践中，需要学习者从学习语文的过程中自然习得。

（二）语文教材各要素间的协调关系

1.优化文言文与白话文的比例

从语文设科以来的教学大纲来看，文言文教学通常始于初中，大约占据课文总数的40%，到了高中阶段，文言文占比约为50%，且呈现出一定的梯度。从不同时期、不同地区、不同版本的语文教材来看，文言文与白话文的比例并不完全统一。从我国当前的古诗文教学来看，应增加古诗文在小学阶段的比重，至少要达到课文总数的20%，这样才能保证中小学生最基本的古诗文阅读量，从而为进一步地学习中华典籍打好基础。

2. 语文教材中听、说、读、写能力的协调

在学生学习语文教材的过程中，听、说、读、写四项能力的关系具体表现在以下几个方面：（1）阅读是写作的基础，应按照以读促写、读写结合的原则来协调阅读与写作的关系；（2）写作是语言文字素养的最集中体现，同时也能反作用于阅读与口语交际；（3）只有整合听说读写教学，才能全面提升语文能力。

听、说、读、写作为学生必须掌握的四项基础能力，需要统一在语文教学当中，且四者缺一不可。不过在不同的教学阶段，四者所占比重可以有所差异。总的来说，基础教育阶段的语文教学是一个从口语起步，逐步过渡到以书面语为主的过程。

（三）统筹语文课程内容与教材内容

尽管课程内容与教材内容之间存在着紧密的联系，但实际上两者属于不同范畴，且语文课程内容要想进入实践环节，就必须实现课程内容的教材化。具体来讲，语文教材内容的确定应以语文课程内容为依据，以提高学生的语文能力为目标。

伴随着新一轮的语文课程改革，选修课开始进入基础教育阶段的课程范围，必修课与选修课并存的课程格局逐步形成。要想充分发挥必修课与选修课协调推进的功效，就要首先明确两类课程的定位、功能与关系，随后再进行配套的教材建设。

二、语文教师与教学的协调

（一）语文教师应具备的各项素质

语文教师是落实语文新课程改革的主要力量，只有当语文教师提升自身的各项能力、改变旧有的知识结构后，新课程改革才能进一步走向深化。

具体来讲，文化素养、专业知识、教学能力是语文教师胜任教学工作的前提。语文教师的文化素养包括语文专业素养、思想道德素养、教学素养等。语文教师的专业知识与教学能力则主要表现为汉语言文学专业的本体性知识与能力，包括阅读能力、写作能力、审美能力等。

（二）协调语文教学的各要素

1. 听说读写教学一体化

在推动听说读写教学一体化的过程中，语文教师应当注意以下几点：第一，重视听说训练；第二，培养学生在不同语境下对不同语体进行转换的能力；第三，在培养学生的阅读能力时，要在理解课文的基础上，倡导多角度、有创意地阅读，应尽量避免逐字逐句的过度分析和远离文本的过度发挥；第四，开展相对独立且系统化的写作训练，在不同学段，加强针对不同文体的写作练习。

2. 课堂教学与课外活动一体化

正所谓"得法于课内，得益于课外"，课堂教学与课外活动作为语文教育的"双翼"，缺一不可。比如，在课堂上可以着力于精读，再将从课内习得的读法运用于课外；再比如，学生可在课外将每日见闻、所思所想以日记、随笔的方式记录下来，以此为课堂上的写作积累素材。总之，语文教师要力求使课堂教学与课外活动"打成一片"，融为一体。

（三）促进教师与教学要素之间的协调

教师与教学要素之间的协调可借助合作机制、评价机制、科研引领来实现。在合作机制方面，要建立社会、学校、教师、家长合作交流的长效机制，教师尤其要加强与家长之间的有效沟通，这是为了使教师更加深刻地理解以"自主—探究—合作"为特征的教学方式；在评价机制方面，要促进评价理念的多元化、评价内容的全面化、评价标准的多样化；在科研引领方面，教师要树立科研意识，多做量化分析与科学论证，争当"科研型教师"。

三、教学评价各要素之间的协调

语文教学评价指的是按照一定的标准，在科学评价理念的指导下，通过科学的方法或手段对语文教学的过程与结果进行测量，并得出相应的价值判断，进而为语文教学的有效改进提供反馈信息的活动或手段。语文教学评价是语文教育系统的重要组成部分，其贯穿于语文教学活动的整个过程。此外，语文教学评价还是一种科学的教学管理制度，是教师教、学生学、教辅人员管理的风向标，其在语文教学过程的正常运转、语文教学质量的提升等方面发挥着十分重要的作用。

（一）语文教学评价理念改革

语文教学评价人员要改变传统的甄别与选拔性质的语文教学评价理念，以及仅从整体或一般性标准出发的语文教学评价理念，学习、理解和树立现代教学评价理念，并努力在语文教学评价实践中实施。

具体来说，语文教学评价应树立四种不同的评价理念：发展性语文教学评价理念、形成性语文教学评价理念、个性化的语文教学评价理念以及多元平等的语文教学评价理念。

（二）语文教学评价内容改革

语文教学评价的内容应该是全面的、综合的，评价内容要包括整体语文素养，而不仅仅是部分语文知识与语文能力。《基础教育课程改革纲要（试行）》提出，评价"不仅要关注学生的学业成绩，而且要发现和发展学生多方面的潜能，了解学生成长的需求，帮助学生认识自我、建立自信"。因此，中小学语文教学评价的内容要多元化。

从知识层面来说，语文教学评价的内容既要包括陈述性知识，还应包括语文实践性能力。此外，为推动我国传统文化的传承与发展，我国要重视中小学阶段对中华优秀传统文化知识的认识与理解的评价。

从能力层面来讲，语文教学评价的内容要强调全面综合的考察，具体包括：阅读能力、写作能力、口头交际能力、语言翻译能力、现代语言技术能力、语文生活实践活动能力。

从整体语文素养层面来讲，评价内容要着眼于整体语文素养，从多个维度对学生的学习与成长情况进行考察，如对学生的语文学习态度、学习兴趣、学习精神、学习习惯、获取信息能力、自学能力、交流合作能力、运用语文知识分析和解决问题的能力、审美素养、创新精神等综合素质进行考察。

（三）语文教学评价主体改革

语文教学评价要从单一主体逐渐向多元主体转变；从评价者对被评价者的单

向考核逐渐向互动交流转变，从而形成多元主体共同参与、交相互动的局面，这有利于全面辩证地反映真实情况。

具体来说，在针对学生语文学习效果的评价中，相关部门要建立教师、学生本人与同学、学校管理人员、学生家长等多元主体共同参与的评价机制，其中，教师是评价主体的核心。

在对语文教师的教学评价中，要建立教师本人、教师同事、教育管理机构、学校管理人员、学生等多元主体共同参与的评价机制。

目前，高考改革的方向就是"统一高考＋学业水平考试＋综合素质评价"，这对培养语文能力课程目标的实现、以语言文字应用观为指导的语文教育评价体系的构建十分有利，可以更好地帮助学生过好在校期间、毕业后，甚至终生的语文生活。

第四章　语文教育评价与应用

语文教育评价是一门判断语文教育质量的学问。在教育界中，教育评价还没有统一的定义，但毋庸置疑的是其核心必然与教育活动相关联，并认为它是"判断学生对知识认知水平及教学成效性的科学方法"。

语文教育是母语教育，语文教育的重要性决定了语文教育评价的重要性，它是语文教育中必不可少的环节。语文教育评价包括学生综合素质价值评价、教师教学成效评价、教学资源使用成效评价及教学过程价值评价。科学的语文教育评价能够促进语文课程的改革，也能作为判断未来语文教学的依据，检验语文教育是否达到教学目的，进而对整个语文教育的发展进行引导及限制。在此基础上语文教育评价逐步发展出了经验性语文教育评价、定量型语文教育评价及质性语文教育评价。

第一节　语文教育评价概述

语文教育评价是对语文教育活动的评判，对语文教育具有十分重要的意义。本节将从语文教育评价的内涵与价值、理念与基本原则、范式转变等几个角度对其进行概述。

一、语文教育评价的内涵与价值

（一）语文教育评价的内涵

语文教育评价对语文教育的实施起着十分重要的作用，然而一直以来，人们对语文教育评价的重视程度并不高。语文学科具有答案不确定、学习者发挥不稳定、评价者主观性较强的特点，这些都加大了语文教育科学评价的难度。鉴于此，我们必须深入理解语文教育评价的内涵，而在此之前，首先必须厘清评价与教育评价的含义。

1. 评价

广泛来说，评价是对人物或事物价值的衡量，其核心是价值判断。有学者将评价定义为对人或事物有没有价值的判断，而这种判断是基于客观世界和主观世界所建立起的联系的基础上，若是客体和主体之间缺乏必要联系，那么价值判断（也就是评价）则无从谈起。因此，评价可以简单理解为评价主体对评价客体的价值判断。

2. 教育评价

教育价值是指教育可以满足人与社会需要的程度，可以根据社会的基本要求来影响受教育者，并通过受教育者实现自己的社会价值。理解了教育价值，才能进一步理解教育评价。

教育评价的概念不断发生变化，第一次被提出并使用是在美国当代教育家、课程理论家泰勒进行的"进步学校"实验中，该实验长达八年（1932—1940 年）之久，得出结论：教育评价是衡量实际活动达到教育目的的程度。1981 年，美国教育评价联合委员会将教育评价定义为"对教育目标及其优缺点、价值判断的系统调查，为教育决策提供依据的过程"[1]。1990 年，我国成立了全国普通教育评价委员会，我国教育评价研究进入了一个新的阶段。1999 年，我国学者陈玉琨提出，教育评价是对教育活动满足个体与社会需要的程度、对教育活动现时的或潜在的价值所做出判断并期望达到教育价值的增值过程[2]。

3. 语文教育评价

语文教育评价是对语文教育的价值所做出的分析和判断。在不同时期，人们对语文教育价值的认识是不同的，不过语文学科的共性价值（工具价值与人文价值）是始终不变的。

---

① 辛涛，李雪燕. 教育评价理论与实践的新进展 [J]. 清华大学教育研究，2005,26(6)：38-43.

② 陈玉琨. 教育评价学 [M]. 北京：人民教育出版社，1999：7.

在明确了语文教育的价值之后，我们就可以深入了解语文教育评价的内涵。具体来说，语文教育评价是基于系统全面地收集、整理和分析语文教育信息的前提下，对语文教育价值进行判断的研究活动，其目的是提高语文教育的质量和学习者的语文素养，进而推动教育改革的发展。

语文教育评价的对象主要有五个，具体如图 4-1-1 所示。

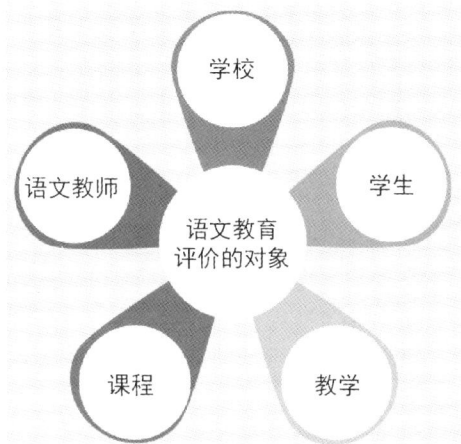

图 4-1-1　语文教育评价的对象

（二）语文教育评价的价值

语文教育评价作为语文教育学的主要分支学科之一，对语文教育实践具有重要价值，但我国语文教育始终未形成自己的语文教育评价学。因此，对语文教育评价进行研究有着十分重要的现实意义。

具体来说，语文教育评价的价值主要包括以下几点：第一，有利于保证语文素质教育的顺利实施；第二，有利于语文教师专业发展的顺利进行；第三，有利于学生全面发展目标的顺利实现；第四，有利于语文教育学科体系的完善。

二、语文教育评价的理念与基本原则

（一）语文教育评价的理念

语文教育评价的理念是指导语文教育评价活动的基础，其具有很强的时代性。具体来说，语文教育评价的理念主要包括以下几个方面。

1. 以人为本

经济的发展和社会的进步，归根结底都是为人服务的。因此，尊重人是当今时代的主题，以人为本的社会价值观被人们广泛接受。人是语文教育评价的重要评价对象，也应该受到尊重。在语文教育评价中，坚持以人为本的理念就是在关注人的共性的前提下，重视人的个体差异，既要关注人的社会属性，也要关注人的自然属性。

语文教育评价坚持以人为本的理念，就是要在尊重、关心人的前提下做好以下几点：第一，调动评价对象的主观能动性；第二，营造宽松的评价环境；第三，关注人的情感、态度和价值观。

2. 关注人的发展

在语文教育实践中，学习者之间有着很大的差异。而当前的语文教育评价常常以相同的尺度去衡量所有的学生，这实际上违背了"因材施教"的教育理念和新课程改革所提出的"为了每位学生的发展"的理念。关注人的发展的理念是语文教育评价的一种理性回归。

语文学习是不断发展的过程，学生都有各自的语文需要，语文教育评价可以在帮助人们满足自身需要的过程中起到积极作用。语文教育评价要想关注人的发展，评价者首先应充分考虑人的需要与发展潜能，既要关注过去，也要关注未来。在制定和实施语文教育评价方案的过程中，评价者必须充分认识并深入理解该理念的内涵，以确保语文教育评价是切实有效的。

3. 重视过程与结果

过程指的是事情或事物发展经过的程序，结果指的是事情或事物在经过一定阶段的发展后所达到的最终状态。二者是一件事情或一个事物的不同方面，但它们是一个统一体。不过，在教育评价的实践过程中，过程与结果常常被对立起来。语文教育活动是一个复杂的过程，语文教育评价必须重视过程与结果的内在联系，既要看结果，也要看过程，不能厚此薄彼，这样才能真正对人的发展起到积极的作用。

我们在开展语文教育评价时需要注意以下过程与结果之间的关联性：（1）过程是动态且不断变化的，其能够反映事物的真实状况。（2）结果并非静止不变的，语文教育评价在关注结果的同时也要关注其所蕴含的潜在发展趋势。（3）过程与结果是有机统一的，过程能够真实反映事物的实际面貌，结果则带有一定的偶然性，只有将两者放在一起进行评价，才能得出比较公正科学的结论。

（二）语文教育评价的基本原则

语文教育评价是一项涉及多方面利益的价值判断活动，评价者与被评价者都有其独特的视角，如果两者的视角有所偏差，评价的结论就会遭到质疑。因此，进行语文教育评价是比较困难的。不过，评价者与被评价者并不是相互对立的敌人，而是一对合作伙伴。评价者要以客观的态度对被评价者进行判断，同时，被评价者也要懂得换位思考，这样才能有效化解两者之间的矛盾。具体来说，语文教育评价要遵循以下基本原则。

1. 公平性原则

公平，简单来说就是在处理事情时不偏袒任何一方，合情合理。对于语文教育评价而言，"评"代表着"衡量"，"价"就是价值判断，在进行语文教育评价时要做到合情合理，坚持公平性原则。

语文教育评价的公平性原则主要体现在以下几个方面：（1）语文教育评价要符合语文教育的现实情况；（2）语文教育评价要符合语文认知规律；（3）语文教育评价要面向不同类型的学校与学生；（4）语文教育评价要关注共性基础（即所有人都须达到的最低标准）。

2. 公开性原则

公开就是面对众人时不加隐瞒，将所有事情都置于人们的监督之下，使人们具有知情权与监督权。众所周知，人类是具有感情的动物，当个人利益与公众利益发生冲突时，一部分人会无限放大自己的利益而将公众利益最小化，在这种情况下，就需要存在一个公约，使每个人都能拥有以正当的手段与渠道获取利益的权利，同时也需要承担一定的为社会做贡献的责任与义务。当权利与义务被确定下来以后，人们就能监督并执行该约定。

语文教育评价也主张公开，不过这种公开并非绝对的公开，而是相对的公开（即只公开涉及最广大人民利益的部分，而隐蔽其他部分）。以高考语文为例，教育部门会公布考纲与考试范围，但具体如何命题则不会公布出来。相对公开是目前实施语文教育评价的有效方法，是对评价者的一种理性要求。评价者需要对评价内容、评价标准、评价方法、评价过程、评价结果进行公开。

3. 公正性原则

公正就是公平、正直、无偏私，其与公平、公开是密切相连的。公正的"正"指的是正直、正义。语文教育评价遵循公正性原则，就是要求评价者从语文教育的规律出发，秉承评价的科学性与客观性，进而得出令人信服的评价结论。

语文教育评价要想遵循公正性原则，就要做好以下几个方面：（1）评价者要公正对待每一位被评价者，做到不偏袒任何一人；（2）评价者要主持社会正义，彰显社会良知；（3）评价者要按照语文规律办事，促进语文教育的健康发展。

4. 有效性原则

语文教育评价中的有效性原则，是指教育评价可以获得语文教育的真实情况，实现语文教育评价的最大价值。每一项评价都存在一定的目的与要求，而有效是对语文教育评价的基本要求。

在语文教育评价中，有效性原则的基本要求如下所述：（1）语文教育评价要有正面的、积极的效果；（2）语文教育评价要有良好的社会效益；（3）语文教育评价要有效率。

三、语文教育评价的范式转变

"范式"是美国科学哲学家托马斯·库恩（Thomas Samuel Kuhn）在1962年提出的概念，指的是常规科学得以运作的理论基础与实践规范，是科学研究共同体一同遵循的行为方式和世界观。"范式"主要包括以下三个特点：一是在一定程度内具有公认性；二是由基本定律、理论、应用、相关仪器设备等构成的整体；三是可以为科学研究提供可供模仿的案例。以下为三种语文教育评价的基本范式。

（一）经验型语文教育评价范式

我国实施了1300余年的科举考试制度是最好的教育评价实践，但由于我们目前对科举考试的研究不够充分，因此人们尚未对科举考试的模式形成明确的认知，故而将科举考试定名为经验型语文教育评价。这主要基于以下几点原因：第一，科举考试本身也是一种评价；第二，科举考试主要考查的是对母语的应用；第三，科举考试有一套完整成熟的经验值得人们深入挖掘；第四，科举考试曾获得世界教育家的认可，有着极高的历史价值与当代价值。

事实上，经验型语文教育评价源于人们的母语经验。语言是人类交流的工具、文化传播的载体，人类自出生开始就处于一定的语言环境中，受母语的熏陶，而在学习语言的过程中，人们会不断汲取前人学习母语的经验。学校的教育评价主要是通过观察与考察进行的，而这种观察和考察又主要依靠教师的经验。

经验型语文教育评价范式指的是按照某个目标、基于评价者个人的经验而对被评价者做出的认定和判断活动，其基本操作程序为观察、考试、实践考察。

经验型语文教育评价范式历经千年，其优点表现为以下几点：（1）重视人的基本素养；（2）重视人的知识积累（对知识把握的深度与广度）；（3）引导读书人关注社会问题；（4）以考试的方式建立起一个公平合理的人才发展平台，这有利于打破阶级等级差异。不过它最终被淘汰，是因为其存在以下不足：（1）缺乏明确的评价目标；（2）考试内容过于单一；（3）考试形式逐渐僵化，导致考生循规蹈矩，缺乏创新意识。

（二）科学性语文教育评价范式

科学性语文教育评价范式是在科学主义的影响下形成的评价范式，是科学主义范式的一个子系统。在科学主义范式中，社会科学和自然科学都是对经验范围以内的事情进行研究，物理世界与人文世界都能够进行彻底的分析。

20世纪40年代到80年代，在科学主义范式的影响下，我国语文教育也先后试图通过数学分析的方法来获得比较准确的评价判断，这些实践探究为我国语文教育评价范式的发展积累了丰富的经验。我国学者于向东曾提出，用自然科学中研究几何的分析方法来探究事物内部和外部的因果关系，并通过客观、系统、量化的研究来对人类的行为进行预测与控制①。

科学性语文教育评价范式指的是在科学主义指导下进行的一种评价探索，其

---

① 于向东.教育测量与统计 [M].郑州：郑州大学出版社,2004（1）：17.

基本操作程序为：（1）设定评价目标；（2）编制语文教育评价工具；（3）组织语文教育评价实践；（4）对被评价者进行价值判断。

科学性语文教育评价范式的优、缺点十分鲜明。其优点主要为：（1）强调评价的客观性；（2）通过数据或等级来区分评价档次，以尽可能地实现评价的公平性；（3）通过由因及果（或由果及因）的思维方式探索目标与结果之间的关系，从而为语文教育的改进提供帮助；（4）借助数学测量的方法将语文学习的不可测性变为可测量性。其缺点主要体现在以下几个方面：（1）评价目标是否合理受到人们的质疑；（2）评价对象的人格被分数异化；（3）评价偏重知识的熟练度而忽视了人的存在，这容易使语文教育评价走向歧途。

（三）人文性语文教育评价范式

人文性语文教育评价范式形成于 20 世纪 70 年代。随着全球化的不断发展，人们逐渐意识到科学不可能解决社会中存在的所有问题，如在面对战争、贫困、自然灾害时，科学都是很无力的。在面对各种社会现实的情况下，人文性再次受到人们的关注，人的精神问题还是要由人文科学解决。

人文主义强调人的价值和尊严，人文性语文教育评价范式正是在这种哲学语境中逐渐形成的，它是基于人的发展而进行的，评价者和被评价者在自然状态下相互合作而开展的认定事实、判断价值的活动。

人文性语文教育评价范式的基本操作程序如下：（1）评价者与被评价者协商制订评价目标；（2）评价者根据目标制订相应的评价工具；（3）评价者在公平的基础上组织相应的评价实践；（4）评价者统计分析相关数据，认定评价事实；（5）评价者与被评价者一同对评价事实进行价值判断。

人文性语文教育评价范式也存在着显著的优缺点。其优点主要有：（1）人是语文教育评价的核心；（2）语文教育评价是在自然状态下开展的事实认定和价值判断活动；（3）语文教育评价既关注过程，也关注结果；（4）语文教育评价是一个合作协商的过程。其缺点主要有：（1）有着比较浓厚的理想色彩；（2）虽然关注评价的过程和结果，但由于每个人的过程是不同的，因而对不同过程的认定是否能够做到真正公平将难以确定；（3）人文性语文教育评价所强调的自然状态具有不可控性。

第二节 经验型语文教育评价

经验型语文教育评价是农业社会对语文学科要求的产物，而农业社会是一种靠天吃饭、自给自足的社会，对科技与人才的要求并不是很高。因此，依靠经验来选拔和评价人才的方式也能够满足当时社会的需要。这是经验型语文教育评价能在我国绵延千年之久的主要原因之一。经验型语文教育评价具体包括经验型语文教育评价的理论基础、基本类型、评价工具与评价标准等。

一、经验型语文教育评价的理论基础

（一）社会学基础

社会学是一门综合性学科，其从社会整体的角度出发，通过对社会行为、社会关系的分析，来对社会的功能、结果、发展规律等进行研究。利用社会学相关理论对农业社会的各种关系进行研究，对理解经验型语文教育评价的形成具有十分重要的意义。

在我国数千年的农业社会发展过程中，帝王统治是维持社会稳定的基础，皇帝是国家最高领导者。为了加强帝王统治，皇帝建立起以中央为核心的政权管理体系和官僚体制。在当时，大部分读书人都生活在农村，中央政府与各级政府的官员也多是从农村的读书人中产生的。因此，农村知识精英成为社会稳定的重要力量。

我国历朝历代的统治者在建立自己的王朝前后，都会建立一套人才培养使用制度，为人才发展创造条件，以使平民子弟拥有脱颖而出的机会。例如"科举取士"就是政府举办乡试、会试、殿试等不同等级的考试，让读书人通过读书从布衣转变为统治阶级来改变自己的命运。尽管在整个封建社会中，通过科举成功的人所占比例并不大，但科举取士、读书可以做官已经成为当时人们的普遍心理。

尽管科举取士存在诸多弊端，如考场舞弊等，但其也具有一定的公平性。统治者能通过科举招贤纳士，普通阶层的读书人则可以通过科举得到长远发展。从某种程度上来说，科举取士在精英治国和维持社会稳定等方面发挥了积极作用。

（二）教育学基础

教育是以影响人的身心发展为目的的有意识的社会活动。在我国古代，现代意义上的教育学虽然并不存在，但教育在我国历史上始终处于极其重要的地位。对一个帝王而言，要想统治好一个国家，就必须将教育百姓作为头等大事。例如，我国在春秋时期就出现了不同层次的学校，汉朝之后还逐渐形成了乡学、县学、州学、国子学的学校系统。当时的学校教育就是为了培养国家所需的"士"与"君子"。

我国封建社会一直都是农业社会，社会对人才的要求相对而言不算很高，教育的核心内容长期以儒家教育为主，尤其是科举制度创设以来，儒家著作就是科考的重点内容。而学习儒家经典是一个渐进的过程，教师需要从句读训练开始，然后进行诗词歌赋的写作训练、公文写作训练，最后进行策论训练。可以说，当时整个教育的核心就是知识学习，人们崇尚知识，有学识的人深受众人尊重。但随着"八股文"的逐渐盛行，读书人不得不脱离对现实学问的钻研，这对当时的社会及读书人都产生了不利的影响。

在农业社会，知识至上已经成为当时的主要价值观。不过，对于统治者而言，他们希望读书人能够安分守己，可以做官，但不要有颠覆政权的非分想法。因此，封建教育的本质是将读书人置于知识的圈子中，熟记"四书五经"，将"八股文"写好，以此来获取一官半职。由此不难看出，我国封建社会教育的主流就是知识教育，而这些知识的选择是对统治者有利的知识。

（三）哲学基础

我国是一个崇尚儒学的国家，儒家思想长期以来始终是我国封建社会时期的正统思想，汉朝时更是出现了"罢黜百家，独尊儒术"的文化现象。统治者用儒家思想统一人们的思想，维护自己的封建统治。

作为儒家学派的创始人，孔子的儒家思想核心是"仁""礼"，他认为统治者要施行仁政，且"己所不欲，勿施于人"；他还认为"君君、臣臣、父父、子子"为"礼"；"仁"与"礼"是有机统一的，而这种人伦观念有利于维护封建社会的稳定，也因此受到了统治者青睐。之后，儒家学派另一代表人物孟子提出"人性本善"的观点，他认为人之所以变坏是由后天环境导致的，因此人应该学习。同样是儒家学派代表的荀子则认为人性本恶，要想改变人的恶性就必须学习。到了宋代，程颐、程颢提出"天理昭昭，人性自然昭明"，朱熹则提出"心者，人之知觉，主于身而应事物者也""性者心之理也，情者心之用也，心者性情之主也"。

总体而言，受儒家思想的影响，人们一直认为教育能够改变人的本性，使恶者变善，善者更善。人们在受教育和学习的过程中会不断提高自己的道德修养，成为一名"君子"，而整个封建社会的教育也正是为了培养有利于社会发展的"君子"。

二、经验型语文教育评价的基本类型

经验型语文教育评价主要分为国家考试评价和学校考试评价两大类。

（一）国家考试评价

国家考试评价指的是国家组织的考试评价方式。科举在我国存在了1300多年，国家考试的科目、内容、形式不断得到完善。下面将介绍一些科举的主要形式。

1. 县试、府试、院试

县试通常于每年二月由各县知县主持举行，考试共分为五场，具体考试内容如表 4-2-1 所示。

表 4-2-1　科举县试的五场考试

场次	名称	考试内容
第一场	正场	四书文两篇、五言六韵试贴诗一首
第二场	招覆	四书文一篇，性理论或孝经论一篇，默写《圣谕广训》约百字
第三场	再覆	四书文或经文一篇，律赋一篇，五言八韵试帖诗一首，默写前场《圣谕广训》首二句，赋可不做
第四场	连覆	时文、经论、诗赋、骈文不拘定格
第五场		

府试于每年四月由各地方知府主考，考试内容与县试相同，考试合格者由地方知府登记造册报与上级主管部门。

院试则是由各省学正主持的考试，其分为正试与复试，考试内容也是四书五经、五言六韵（或五言八韵）排律诗、默写《圣谕广训》。

上述三项考试均合格者可以得到"秀才"的称谓，并获得参加"乡试"的资格。

2. 乡试

乡试是在省级政府的贡院举办的选拔性考试，每三年举办一次。主持考试的官员是由皇帝委派的朝中大臣担任，有主考、同考、监临等。参考者必须是获得"秀才"资格的人。考生既可以是地方县、府、省学校的生员，也可以是中央政府学校的生员。

乡试共分为三场，考试内容如表 4-2-2 所示。

表 4-2-2　科举乡试的三场考试

场次	考试内容
第一场	四书文三篇，五言八韵诗一首
第二场	经文五篇
第三场	策问五道

在乡试中获得正榜的考生能够得到"举人"的称谓。

3. 会试

会试是由中央政府在京城主持举行的选拔性考试，其举办时间是在乡试的第二年三月。由于会试是代表朝廷来选拔国家栋梁之材，因此其深受朝廷重视。主持会试的官员必须官至一品以上、翰林出身且为德才兼备者。朝廷一般会委派十八名"同考官"。

在清代，会试也分为三场，具体考试时间及考试内容如表 4-2-3 所示。

表 4-2-3　科举会试的三场考试

场次	考试时间	考试内容
第一场	三月初九	四书文的试题中有三道为"钦命"，其余与乡试相同
第二场	三月十二	与乡试相同
第三场	三月十五	与乡试相同

4. 殿试

殿试始于宋代开宝六年，是皇帝亲自主持选拔人才的甄别过程，是对会试进行复查性质的一种考试评价活动。

在清代，殿试时间是在四月二十一日，由皇帝和八名殿试读卷官在保和殿进行评阅试卷，最终由皇帝钦点名次，并赐予功名。一般殿试第一名可直接授予官职，而其他考生则需要继续参加"朝考"。朝考也在保和殿间歇，考试内容会根据皇帝的喜好而有所差异，主要包括诗、论、策、奏议、诏等。

（二）学校考试评价

学校教育是近代以后从西方引起的新兴产物。自 1902 年新学兴办之后，学校逐渐成为我国的主流教育机构。要想研究我国古代的学校考试评价，就要先对古代的四书、学堂、书院和各级政府举办的考试评价活动加以了解。

下面主要介绍"三舍法"考试评价方式和清朝南昌豫章书院考试评价方式。

1. "三舍法"考试评价方式

"三舍法"是由宋代政治家王安石结合当时的实际情况所创造出的考试评价方法。宋代元丰二年颁布《学令》："太学置八十斋，斋各五楹，容三十人。外舍生二千人，内舍生三百人，上舍生百人。"[①]

太学考试分为两种：一是学行考查，是对学生平时操行与学业的考查；二是学业考试，分为私试与公试，其中私试每月一次，共三个月，考试内容依次为经义、论和策，公试每年一次，分两场进行，第一场考试内容为经义，第二场考试内容为策论。

2. 清朝南昌豫章书院考试评价方式

清朝南昌豫章书院考试评价方式具体表现在以下几个方面。

第一，每月初八、十八、二十八，由本部院、藩司、臬司、粮道、盐道轮流出题进行课试。在各衙门课期，课卷先生批阅试卷，第其甲乙，分为三等，前两等由各衙门捐俸予以奖赏，不动公项。每月在三课以外，考生还有自课，随时送至先生处由其评阅。

第二，会课题目为四书文一篇、经解一道，其余可以为策论（不局限史实或是时务，论题也不局限何书）、奏议或表。如果发现有抄袭雷同的情况，第一次

---

① ［元］脱脱．宋史・选举志三 [M]．北京：中华书局,1978：3660.

置末位，第二次罚跪，第三次则摒斥。课卷发下以后，会写榜贴出公示，供所有书生观看。

第三，课试期间，清晨敲击云板三声，书生需进入课堂作文，期间必须保持肃静。一日结束，如果书生课卷仍未完成，不许退归私舍，粥饭会送到其课位供其食用，晚上不给烛，最后由教官收卷，之后立即送往先生处。如果遇到各衙门课日，教官要提前一天请题，第二天早晨发下，同时要请封条一张，题目一到，即封锁讲堂大门，在没有完成试卷之前，不得擅自打开。若有违反者，教官亦难辞其咎。

三、经验型语文教育评价工具与评价标准

我国古代的科举考试主要是大语文考试，除此之外还有书学、算学、律学、画学、武学等考试。不过后面几项考试常因招收人数不多且影响较小，而被人们忽视。因此，大语文考试对于当今考试评价具有较大的借鉴意义。这里我们将以大语文考试为例，对大语文考试的评价工具与评价标准进行阐述。

（一）评价工具

大语文考试的评价工具具体包括以下几种。

1. 帖经

帖经又叫作帖书，与现在的"填空题"类似，主要考查的是考生的记诵能力。帖经的题目都来自经书，因为内容有限，因此难免会出现重题的情况。而为了尽量避免重题的情况，命题者常常通过增加题量和运用"倒拔"（即考孤章绝句）等方式来增加题目的难度。

帖经的优缺点都极为明显。其优点在于能够考查考生对公共语料的熟悉程度，但由于其十分强调死记硬背，题目僵化且容易重题。因此，该题型对于低龄学生语料积累情况的考查具有较大优势，但其对于年龄较大的考生来说就没有什么优势。

2. 墨义

墨义是对经文中的内容或注疏所作出的解释，这些解释一般都是以书解书。

墨义题的难度比帖经要大一些，属于一种理解性的记忆体。墨义的优点在于能够考查考生按照语境还原语句的能力，其缺点则是靠死记硬背，缺乏灵活性，这不容易考察出考生的语言应用能力。

3. 试律诗

试律诗是科举考试中一种十分重要的评价工具，也是一种重要的文学样式。其是在五言律诗的基础上改造而成的，其中五言律诗为五言八句，而试律诗为五言十二句或五言十六句。试律诗通常分为五言六韵或五言八韵，中间几联使用排律。因此也有人将试律诗称作排律诗；还有人因为试律诗是科举考试的文体而将其称作试贴诗。

试律诗形成于唐高宗时期，在唐代十分盛行，宋代前中期还有一些，到了元代和明代基本上就没有了，而在清代乾隆之后，乡试与会试又开始使用。作为一种科举考试的评价工具，试律诗深受无数举子文人的喜爱。若是仅仅从文学的角度来看，这些诗的价值并不高。但若是从考试评价的角度来看，它们又具有较高的学术价值。

在唐代，试律诗的命题并不是很严格，通常为命制诗题，其对韵律的要求也不高。后来试律诗的结构逐渐格式化，其对后来八股文的形成也产生了一定的影响。

4. 赋

赋为汉代时盛行的一种文体，如司马相如的《上林赋》等。到了魏晋南北朝时期，随着韵律的发明，赋也逐渐开始讲究韵律美。唐朝时科举考试考诗赋，第二场考诗，第三场考赋，同时也对赋的韵律提出了要求，即人们所说的"律赋"。不过，唐代的律赋更多的是对形式的追求，却言之无物，到了宋代以后律赋就逐渐衰微了。

5. 策

策为科举考试的一种特殊文体。在唐代的科举考试中，第二场考策。策试就是考官将"策"题放在案上，考生射中哪个策就答哪个。因此，策试也被称作"射策"。不过策的考试形式主要还是考官出题，然后考生作答。

唐代时，策通常分为三种类型，分别为经策、子史策、时务策。在不同等级的考试中，试策的内容有所区别，秀才考方略策五道，而进士则考时务策五道。此外，在历代的策试中，笔试策是主要形式，偶尔有口试形式的试策，所考内容主要是针对经书或时事的内容表达自己的看法。

6. 八股文

在宋代，王安石认为帖经墨义都只对考生的记忆进行考查，却无法对举子的实际能力进行考查，便用《周礼》《诗》《书》三本经义来考试。到了元代、明代以后，经义又变为四书义与五经义，其中四书义逐渐演变为明清时期的八股文。八股文也称作制艺、时文、时艺或八比文，其基本要素如图 4-2-1 所示。

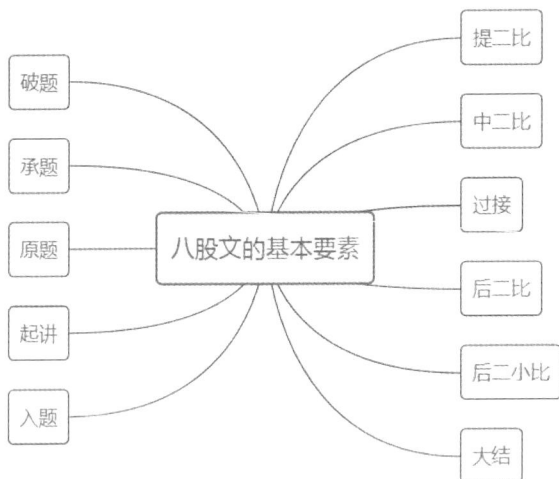

图 4-2-1　八股文基本要素

八股文的考试以《四书》《五经》为题，同时要根据朱熹的《四书集注》阐释经书的内容，以表达自己对经书的看法。此外，八股文还对文章的结构提出了一些特殊的要求，尤其是到明末和清代，八股文基本上已经完全形式化、固化，举子们只能在语言表达方面展现自己的才华，这在很大程度上禁锢了读书人的思想。不过，八股文作为一种科举考试评价工具，对如今的作文评价还是具有一定的现实启发意义的。

（二）评价标准

古代的语文考试尽管涉及文史、哲学等多方面的内容，但考试的核心还是阅读与写作，所以古代语文考试与现代语文考试的核心内容是一致的。不过古代语文考试的评价标准比较粗放。下面主要介绍帖经、墨义、策论八股文的评价标准。

1. 帖经的评价标准

帖经是科举考试的必考内容，所处朝代不同，所帖经书的内容也有所区别。不过，帖经因能够考查举子们对经书的熟悉程度而深受命题者的喜爱。通过查阅典籍，我们发现宋代的科举考试极具代表性，下面将列举不同考试类型中帖经所考查经书的范围与及第标准（如表4-2-4所示）。

表4-2-4　帖经的评价标准

考试类型	考查经书范围	及第标准
进士科	帖《论语》十帖	十通六以上
九经科	帖书一百二十帖	十通六以上
五经科	帖书八十帖	十通六以上
三传科	帖书一百一十帖	十通六以上

帖经试题，每一帖仅需填写三个字，所以评价标准也很简单，全对即批上"通"，不对即批上"不通"。十道题通六道算合格，低于六道则不合格。

2. 墨义的评价标准

墨义和帖经的试题类型类似，都是对记诵能力的考查，但墨义的考查方式更为灵活。以宋代为例，墨义的评价标准如表4-2-5所示。

表4-2-5　墨义的评价标准

考试类型	考查经书范围	及第标准
进士科	墨义十条	十通六以上
九经科	墨义六十条	十通六以上
五经科	墨义五十条	十通六以上
三礼科	墨义九十条	十通六以上

墨义的答案是固定的，答对就是"通"，答不对即为"不通"。十道题中有六道为"通"就判为合格。

3. 策论八股文的评价标准

科举考试的重头戏就是策论，其对于参试者的成功与否起着决定性作用。宋代时编制了《考校进士程式》与《亲试进士条制》，规定将试策分为五个等级：第一等要求学识优长、词理精绝；第二等要求才思该通、文理周率；第三等要求文理俱通；第四等要求文理中平；第五等要求文理疏浅。

宋代的策论，命题者常常以时事为题，参试者可以就事论事地表达自己对世事的看法，不必回避，这种考校方式具有较大的进步意义。而到了明清时期，策论逐渐和经义合流，并形成了八股文，其评价标准也发生较大变化，具体表现在以下几个方面：（1）字数，明代规定四书文每篇字数须在 300 字以上、550 字以下，清代八股文篇幅定制为 700 字，违者不录；（2）清代八股文格式有明确规定，必须包括破题、承题、起讲、入手、起股、中股、后股、束股共八部分基本要素；（3）韵律，八股文的文体集经义文、诗赋、策论为一体，韵律上不要求句句对偶，不过须偶股平仄相对；（4）代圣人立言，即答题者只能用孔孟的思想、朱熹的解释来发一些于事无补的议论，而不能言当代之事。

第三节　定量型语文教育评价

定量型语文教育评价源自心理学。本节将对定量型语文教育评价的相关内容进行论述，具体包括定量型语文教育评价的理论基础、方法、优缺点等。

一、定量型语文教育评价的理论基础

1905 年，在多方的压力下，清政府取消了实施 1300 多年的科举考试制度，经验型语文教育评价正式结束，新学逐渐兴起，过去的书院、国子监等办学机构被学校教育所取代，与此同时，西方的定量评价也开始对语文学科产生影响，最终形成了定量型语文教育评价，而该范式主要建立在心理学的基础之上。下面将对定量型语文教育评价的理论基础进行介绍。

（一）孔德的实证主义哲学理论

法国哲学家奥古斯特·孔德（Auguste Comte）是实证主义哲学的创始人，他将实证理解为具有实在、肯定、精确、有用、相对等意义的东西。在对社会发展过程进行总结的基础上，孔德提出了人类精神发展的三阶段理论：（1）神学阶段（虚构阶段）；（2）形而上学阶段（抽象阶段）；（3）科学阶段（实证阶段）。

实证主义哲学家认为，科学研究需要遵循以下原则：（1）客观主义原则；（2）经验证实原则；（3）方法中心原则；（4）元素分析原则；（5）描述性与数量化原则。正是实证主义哲学的出现，为人文社会科学研究奠定了哲学基础。之后，人文社会科学工作者开始通过实证手段对社会问题进行研究，定量研究也逐渐成为一种研究的自觉。

（二）桑代克的"学习律"理论

美国教育家、心理学家爱德华·李·桑代克（Edward Lee Thorndike）终身致力于教育心理学研究，出版有500余部著作。其中，《人类的学习》《教育心理学》等是研究学习规律的主要著作。每个生活在世界上的人都有"欲望"，人们会为了满足自身的欲望而奋斗，而欲望则是衡量是非、善恶、美丑等的重要标准，而教育就是要减少甚至消灭无益、有害的欲望，使个人的欲望与整个人类的欲望保持和谐统一。他还提出，学习是对刺激的反应，所有学习与教学的目的都是激发学习动机，提高学习者的学习兴趣，从而使学习者获得满意的反应。由此，桑代克提出了著名的"学习律"。

1. 准备律

桑代克将"准备"理解为人们欲望达到的强烈程度。当人们准备做出某种反应时，如果该反应的实现有利于获得满意的结果，那么这种准备将是有利于学习的。当某一刺激与某一反应准备联结时，给予联结就会引起学习者的满意，反之则会带来烦恼。

2. 效果律

当一个动作会随着情境而发生令人满意的变化，那么该动作在相似的情境中重复的可能性就会增加。反之，若是变化并不令人满意，那么该行为重复的可能性就会明显减少。由此可以看出，一个人当前行为的后果将会对其未来的行为起决定性影响。

3. 练习律

桑代克认为学习的重要条件就是练习，特别是对于一些复杂技能的学习，长时间的训练是极为必要的，练习可以对知识、能力加以巩固与综合，不过这种效果只有在准备律与效果律得到满足的前提下方能实现。

1909 年，桑代克发表了《书法量表》，这是其运用定量方式的一种有益尝试。

（三）泰勒的"学习经验理论"

泰勒是美国当代著名的课程与评价专家，被誉为"现代课程理论之父"。他认为，任何教育都有自己的目标，教育者要根据目标选择合适的、有价值的"学习经验"，并凭借这些学习经验实现自己的教育目标。形成了以下五条原则：（1）为达到某一教育目标，学生必须具备能够实践该目标所隐含的行为经验；（2）学习经验要能够使学生因实践教育目标所隐含的那种行为而产生满足感；（3）学习经验所期望的反应要在学生能力所能达到的范围以内；（4）许多特定的学习经验可用于达到相同的教育目标；（5）同样的学习经验也常常会产生不同的结果。

尽管我们能够选择有价值的学习经验，但如何确保这些经验的顺利实施仍旧是一个难题。相对应的，人们选择的学习经验不应该是孤立的，而应该具有连续性、顺序性和整合性。围绕着这三个方面建构起的学习经验体系，将很容易被学习者所接受。

（四）布卢姆的"教育目标分类理论"

美国教育家本杰明·布卢姆（Benjamin Bloom）花费了 40 年的时间对教育目标分类进行研究，并出版了《教育目标分类学》，该书被译为 18 种文字，深受世界各国教育工作者的喜爱，其教育目标分类理论为考试评价提供了主要借鉴。

布卢姆将教学目标分为三个领域，每个领域目标又从低级到高级分为不同的层次，具体如下所述。

1. 认知领域

认知领域的目标是关于知识的回忆、再认识、理解与运用等方面的目标。布卢姆认为认知目标包括六个方面，如图 4-3-1 所示。

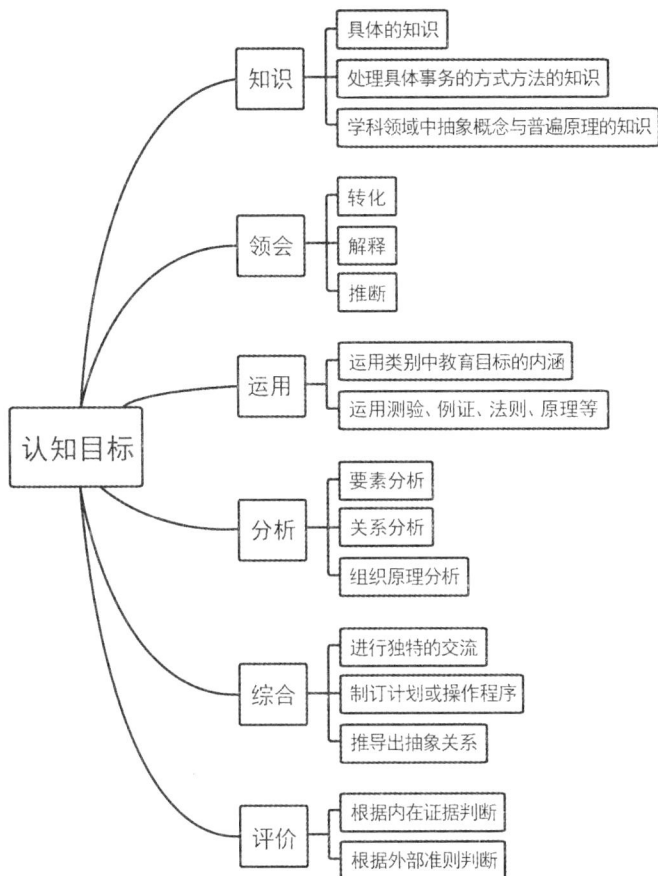

图 4-3-1 认知目标的六个方面

2. 情感领域

情感领域的目标不仅包括对态度、兴趣、价值等方面变化的描述，也包括鉴赏与令人满意的顺应的形成。布卢姆认为，情感目标包括以下五个要素，具体如图 4-3-2 所示。

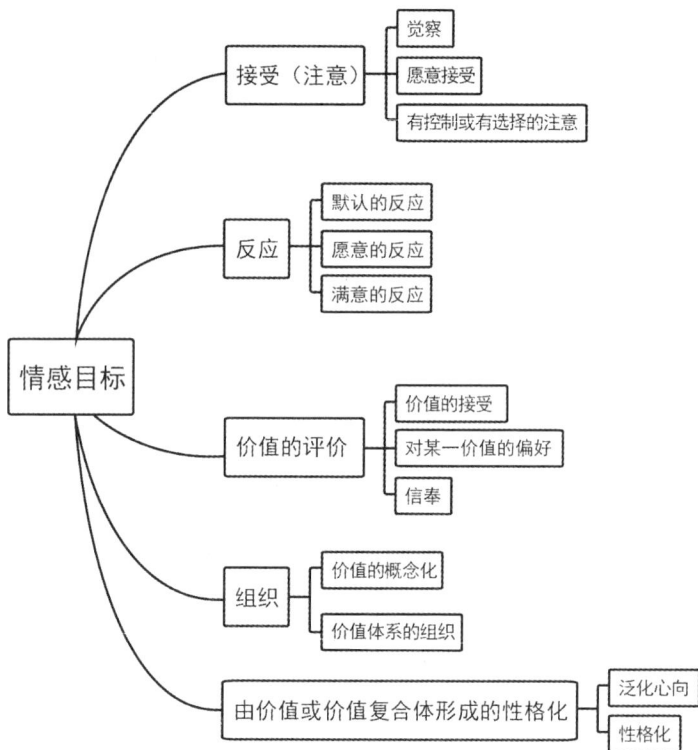

图 4-3-2　情感目标的五个要素

3.动作技能领域

AJ 哈罗从学龄前教育的角度，将动作技能目标分为六个层次：第一层次为反射动作；第二层次为基本——基础动作；第三层次为知觉能力（动觉、视觉、听觉、触觉的辨识、协调能力）；第四层次是体能（包括力量、耐力、韧性和敏捷性）；第五层次是技能动作；第六层次是有意沟通。

二、定量型语文教育评价的方法

定量型语文教育评价是按照定量的方式，规定评价内容的数量，通过对相关信息的数量化处理，对收集到的数据进行分析和推断，进而对评价对象进行科学评价的方法。该评价方法在实践中有着十分广泛的用途，其已经成为现代语文教育中人们自觉使用的评价工具。下面将介绍几种常用的定量型语文教育评价方法。

（一）观察法

观察法是指研究者利用感官与辅助仪器，对处于自然情境下的客观事物，有计划、有目的地进行系统感知观察的一种科学研究方法。根据观察角度的不同，观察法可分为以下类型。

1. 情境观察法

根据观察的情境条件的不同，可将情境观察法细分为自然情境观察法与实验室观察法。其中，自然情境即我们平时所说的常态环境，就是未经人工过分加工过的环境，自然情境中观察语文教学实践是一种应用广泛的评价方法。实验室观察法则是按照一系列严密的观察计划进行的观察法，该方法可以捕捉到更深层次的东西，有利于事物内在因果关系的探究。

2. 参与观察法

按照观察者是否直接参与被观察者所进行的活动，可将参与观察法细分为参与式观察法和非参与式观察法。参与式观察法是观察者直接参与到被观察者的学习、工作、生活中去，在与被观察者的相互接触中直接倾听并观察其言行，此时观察者既是研究者，也是参与者。非参与式观察法要求研究者不得直接参与被研究者的教学活动，只能借助高科技手段来进行非现场观察。

（二）调查法

调查法也叫作专家调查法，是一种直观的预测方法，主要适用于数据或客观资料缺乏情况下的预测。对于语文教育中一些模糊的问题，该方法能够作出比较科学的判断。调查法能够帮助评价者客观全面地了解被评价者的基本情况，并将相关情况以不同的角度呈现出来，该方法在评价过程中起到了明显作用。

不过，调查法也有其劣势。由于评价者和被评价者之间的关系会对评价的结果产生直接影响，因此评价者的选拔必须十分严谨，否则很容易使得调查结果有失公允。

（三）测量法

语文教育测量即针对语文教育现象，按照既定的标准进行科学考核，并依据一定的规则以数量的形式对考核结果进行描述。语文教育的测量种类包括个体测验、群体测验、诊断性测验、情境测验。

测量法的运用主要包括以下三个关键步骤（如图 4-3-3 所示）。

图 4-3-3　测量法运用的三个关键步骤

三、定量型语文教育评价的优缺点

（一）定量型语文教育评价的优点

定量型语文教育评价的优点主要包括以下几点：（1）凸显了客观公正的评价观；（2）有利于模糊问题的清晰化；（3）定量评价的题目中选择题更多，可以利用机器进行阅卷，这有利于语文测试的阅卷；（4）有利于扩大语文测验的内容范围。

（二）定量型语文教育评价的缺点

定量型语文教育评价的缺点主要包括以下几点：（1）过于强调客观价值中立，而对被测存在的理念有所忽视；（2）过于强调"一统"，即答案的唯一性与统一性，而对语文学科的特点（汉语的多义性使得答案多解、文章内涵十分丰富等）有所忽视；（3）过于强调"标准"，这容易造成被测对象总结出相应的"赌博"考试方法，如学生清楚四个选项中有两个是明显错误的，那么他们在答题时会率先排除掉这两个选项，然后再凭第一感觉从剩余的两个选项中选择一个，那么其答对的概率有 50%，这样学生的语文素养就难以得到有效考查。

第四节 质性语文教育评价

质性语文教育评价是世界经济一体化、社会信息化的产物。质性语文教育评价源于质性教育评价，随着知识经济的快速发展和互联网的广泛普及，人的个性诉求逐渐得到张扬。目前，各种新的理论为质性语文教育评价的出现奠定了基础。

一、质性语文教育评价的理论基础

（一）人本主义理论

人本主义理论最初来源于希腊古罗马时期的"文雅教育"，其后来在文艺复兴时期演变为"人文主义"，其强调人的价值。到了20世纪60—70年代，人本主义心理学逐渐被人们所接受，而人本主义理论也正是在此基础上演变而来的。

人本主义理论主要强调以下三个方面：第一，人的精神世界是十分丰富的；第二，人应该对自己的行为负责；第三，人在自我实现中感悟生命的价值。

人本主义教育应关注社会的发展与变化，并随着社会的变化对教育的目标进行相应的调整。教育必须正视人类无法控制环境这一现实，培养自立、自觉、具有社会责任感、创造性和个性的公民。此外，人本主义者认为，学习的过程重于结果。

（二）多元智能理论

多元智能理论最早是在1983年由美国哈佛大学心理发展学家霍华德·加德纳（Howard Gardner）提出的。长久以来，学校始终强调学生在语文（特别是读写）、数学两个方面的发展，但它们并非人类智能的全部。人的智力应该是度量其解题能力的指标，人类的智能可分为八个范畴（图4-4-1）。

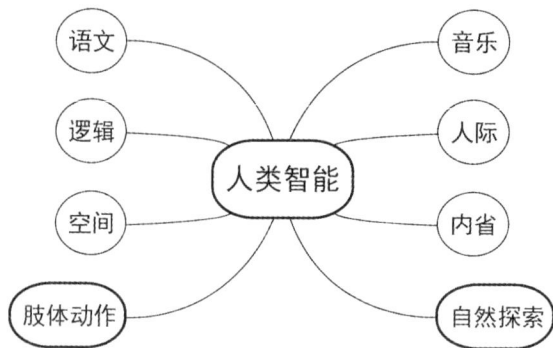

图 4-4-1　人类智能的范畴

多元智能的发现为人们解释学生之间的差异奠定了理论基础。每个人都有其擅长的智能，且每个人的智能组合也不尽相同，这就使得人与人之间存在智能差异。因此评价者要采用不同的评价方式对被评价者的学习情况进行评价。

（三）素质教育理论

素质教育理论最初是我国政府创造出的一种理论，该理论对我国基础教育产生了极大的影响。对素质教育理论的考察要建立在基础教育的实际的基础上。我国素质教育主要可以从以下两个层面进行解读。

1. 政府层面

从政府层面强调素质教育就是通过法律、文件、决定的形式考察素质教育。1985 年，《中共中央关于教育体制改革的决定》中提出"教育体制改革的根本目的是提高民族素质"。1997 年，《关于目前积极推进中小学实施素质教育的若干意见》中明确提出"素质教育是以提高全民族素质为宗旨的教育"。总体而言，从政府层面考察素质教育，我国素质教育先后经历了一般提倡、号召、法律规定的历程。

2. 实践层面

从基础教育实践层面来说，自 1985 年国家提出素质教育，中小学教育工作者都积极参与实践，不过因为对素质教育的认识不足，我国素质教育实践有些浮于表面，很多地区、学校将素质教育理解为活动课程。1997 年前后，随着教育部出台的相关文件，我国素质教育逐渐与减轻学生负担挂钩，在这一时期，减负逐渐成为素质教育的主要内容。到了 2004 年，随着新课改的不断深化，素质教育逐渐演变为学生综合素质的代名词。

总体而言，从政府和学校的角度来看，素质教育的价值主要体现在以下几个方面：（1）素质教育是以全面提高受教育者的基本素质为根本目标的教育；（2）素质教育是面向全体学生的教育；（3）素质教育是重视理念、模式等差异的教育；（4）素质教育是唤起学生生命意识、让学生领悟和实现自身生命价值的教育。

二、质性语文教育评价的方法

质性语文教育评价属于一种关注人、尊重人的评价方式。下面介绍几种质性语文教育评价的方法。

（一）自我评价法

自我评价法即自己评价自己的方法，是一种"内省"的方法，其要求学生正确认识自我，树立自信，从而实现自身进一步的发展。学校教师可以要求学生每学期或每学年从德、智、体、美、劳等方面进行个人总结。既列出自己的成绩，也提出自己的不足，这就是最好的自我评价。

（二）同伴评价法

同伴评价法是借助旁观者的力量进行评价的活动，是一种比较客观的互评方法。我们每个人都是在群体中工作、生活、学习的，需要和他人发生联系，这就形成了个人与集体的关系，同处于一个环境中的人们彼此之间是比较了解的。学生之间的"小组评价"、教师之间的"同行互评"都属于同伴评价法。以学生互评为例，学生能够全面客观地表达观点，而这些观点综合起来就是对一个人具体情况的科学反映，评价的结果相对更具有说服力。

（三）教师评价法

教师评价是在教学过程中完成的。教师的举手投足都会对学生产生很大的影响。在实际的教学过程中，当教师表扬了一名不经常被表扬的学生时，这名学生往往会在该教师的课堂上表现得很好，这是因为学生觉得自己的价值被教师认可了，从而建立了自信。"赏识教育"就是在这种条件下产生的。

（四）综合评价法

综合评价是在汇总各方面评价的基础上所进行的二次评价的方法，其优点是能够综合各方面的意见，兼听则明，这样在评价的过程中就能少走弯路。综合评价法通常是先将各方的评价量化（量化的过程也是协商的过程），然后再按照一定的比例进行计算（如调低学生评价得分的比例，提高教学效果比例），从而使大家在相同的起跑线上开展公平竞争，尽可能地实现公平公正。

三、质性语文教育评价的优缺点

（一）质性语文教育评价的优点

质性语文教育评价的优点主要体现在以下三个方面。

1. 突出了"以人为本"的特点

质性语文教育评价十分强调"人的存在价值"。过去，人们的评价大多是关于人掌握知识的情况，知识是考查的核心，这使得被评价者在评价过程中基本上处于缺席审判的状态。质性语文教育评价则使被评价者不再被边缘化，而是使其回归主体地位。评价者与被评价者之间的关系是平等的，双方是协商的关系，可以就相关评价进行协商，这样被评价者在评价的过程中可以进行反思，并提醒自己不断提升自我。

2. 重视在"自然状态"下的评价

自然状态是指教育的真实状态，是一种教育的原生态，而不是营造出来的状态。这种原生态教育即我们平常的教学活动。不过，为了追求效益，我们的教育评价常常会营造评价的氛围，如教师在中考、高考前组织学生进行大量的复习和高强度的训练，以获取高分，但这很容易造成"高分低能"的情况，这就属于太重视结果而营造了一个虚假的评价环境。质性语文教育评价则强调"自然状态"下的评价，这是一种理性的回归，在真实的状态下，我们对学生的观察与评价才更真实。

3. 更加关注"学习过程"

很长一段时间内，人们在语文教育评价实践中十分关注评价的结果，对评价的过程则较少关心。不过，在语文学习的过程中，每一名学习者所处的环境和自身的资质都不同，这使得他们所得到的结果也会有所不同。在以前，人们强调结果，对过程有所忽视，但质性语文教育评价从根本上改变了这一观念，它认为过程与结果同样重要。

（二）质性语文教育评价的缺点

质性语文教育评价的缺点主要体现在以下四个方面。

1. 增加了学校、教师、学生的负担

质性语文教育评价的实施需要学校、教师、学生的共同参与，这种参与构想比较合理，但在现实的实践过程中会增加参与者的负担。其主要体现在以下几个方面：第一，教室不堪重负，许多省市难以实行小班授课，教室空间非常拥挤，几十名学生挤在教室中学习；第二，教师需要承担教学任务、班级管理、批改作业等多项工作，力不从心；第三，学校经费雪上加霜，质性语文教育评价需要一定的经济投入，如购买档案袋、存放档案袋的柜子等，对于一个班级而言经费或许不多，但对整个学校而言就是一笔较大的经费投入。

事实上，现实中并非学校、教师不支持质性语文教育评价的开展，而是他们没有足够的时间、经费和精力来开展这项具有一定风险的改革。

2. 质性语文教育评价的可信度遭到质疑

对于教育评价而言，评价的可信度是十分重要的，信度越高，评价的公信力也就越强。质性语文教育评价十分重视师生的共同参与、评价的过程，注重师生的平等协商，这使得评价结果具有明显的个人色彩。因为存在协商的评价不可避免会存在不固定的人为因素，这使得质性语文教育评价的可信度很容易受到人们的质疑。

3. 质性语文教育评价的效果遭到质疑

随着社会的迅速发展，人们对质性语文教育评价效果是否明显十分敏感。如果学生的学期考试、学年考试都没有达到相应的效果，人们将会质疑质性语文教育评价的效度。因为人们普遍认为投入与产出应该成正比，但在语文教育实践中，

投入与产出很难绝对把控，这实际上给质性语文教育评价的实施带来了困难，原因在于质性语文教育评价与现阶段的语文教育有些脱节，尤其难以与教育、经济落后的地区进行接轨。

4. 质性语文教育评价的价值遭到怀疑

每一项评价都有其对应的价值，而这种价值需要获得被评价者与社会的认可。很长时间内我们的评价都十分关注社会的认可，甚至将社会认可作为评价的唯一标准。目前学生对教师的评价、家长对学校的评价都十分关注评价的结果，而质性语文教育评价对评价过程、对学生发展的关注却很难得到社会的承认，这使得教师、学生劳心劳力进行的质性评价最后都成了一堆废纸。此外，在学生升学的过程中，没有人关注质性语文教育评价的结果，而教师在课堂上对学生所做的评价，虽然能够得到被评价者的认可，但却可能不被社会认可，那么人们必然质疑质性语文教育评价的价值。

第五章 语文教育生活化

　　语文作为贯穿学生整个学习生涯的重要基础性学科，教育教学开展方式成为当前教师急需解决的教学问题。语文教学生活化指的就是教师将语文教学相关内容与学生的社会实际两者间相互紧密结合起来，这种教学手段不仅继承过往传统语文教学，并能适应现代语文教学发展需求，在具体教学内容及教学手段乃至语文教学效果上都具有一定的开放性及无限发展性。

　　语文教育生活化，就是将教师的教与学生的学都与生活相通，将教与学的方式、方法、途径等全部生活化的语文教学方式。之所以这样定义这个概念，就是为了强调"语文教学"与"生活"是相融相通的，教师的教与学生的学都要生活化，都要把教学过程中的多维"生活"作为一种手段。严格来说，"语文教育生活化"中的"生活"不同于普遍意义上的生活，它特指与文本有关的作者生活、课文生活、读者生活等。此外还包含师生合作背景下的课内外语文学习和历练等。这些"生活"是相互融通的，都是语文教与学活动的途径。它强调教师要生活化地灵活教学、教会，学生要生活化地活学活用，教与学都把"生活化"作为一种策略。

　　语文教育生活化含义广阔，只有真正地将生活实际结合至语文教学中，才能使语文教学的开展具有无比旺盛的生命力，让以创新精神及实践能力为核心的素质教育理念真正在教学开展的过程中落实。语文源于生活而高于生活，由于多年来饱受应试教育思想影响的传统教学的开展，当前的语文教育过于强调语文学科的工具性，教学方式依旧残留过往较为枯燥死板的机械性。要改善这一情况，教师就应该勇于走出思想误区，把具有生活气息并且让学生感兴趣的相关内容投入至课堂教学中，通过开展丰富多彩的语文教学活动，激发学生自主学习的积极性，从而提升语文教学开展的效果。

第一节　语文教育与生活世界的关系

语文作为一门母语学习的基础学科，它和生活是紧密联系在一起的。生活中处处有语文，语文也处处体现着生活。自 20 世纪 70 年代以来很多语文教育工作者呼吁语文教育要联系生活，提出了"语文教育生活化""生活化语文教学""大语文教育观"，等等。

有学者认为，从自己学习语言的经验来看，得自课内和课外的比例是"三七开"，即大概有 30% 来自课内，70% 来自课外。

还有学者认为，语文课与别的课有所不同，学生随时随地都有学语文的机会：逛马路，马路边的广告牌；买东西，附带的说明书，到处都可以学到语文。语文教育中的"少慢差费"现象其实就是没有将语文联系到生活，而语文教育不应该局限在课堂教学，应该走向生活。

另外还有这样一种观点，"以公民生活为轴心的语文工具观"，即语文是工具，自然科学方面的天文、地理、生物、数、理、化，社会科学方面的文、史、哲，学习、表达和交流都要使用这个工具。

所谓生活化语文教学，即指教师的教与学生的学都与生活相融相通，教与学的方式、方法、途径、过程、环境、体系、课程等全都生活化的语文教学。我们之所以这样定义这个概念，就是为了强调"语文教学"与"生活"是相互融通的，教师的教与学生的学都要生活化，都要把教学过程中的多维"生活"作为一种手段、策略、途径、资源等。

严格地讲，"生活化语文教学"该是个归真返本的方法论概念。其中的这个"生活"，不同于一般意义上的生活，它特指与文本有关的作者生活、课文生活、生活情理、读者生活、教师生命积淀、学生生命积淀等，此外还包括师生合作背景下的课内外语文学习和历练的生活等。这些"生活"都是相互融通的，都成了语文教与学活动中的手段、策略、途径、资源等。这是个方法论概念，强调教师要生活化地活教、教活和教会，学生要生活化地活学学活、学通悟透、会学会用，教与学都把"生活"作为一种手段、策略、途径、资源等。这里很有必要再补充解释一下。作者生活包括作者生活的时代和社会背景以及作者的生平和生命积淀

（包括人生阅历、生活积累、文化积淀等）、思想观念、创作主张、写作意图、写作目的等。课文生活包括课文的情节、情境、意境、语境以及课文内的社会环境、活动场景和主人公的生活、心理、情感等。生活情理即指作者遣词造句、谋篇布局、运招用技所依据的生活情理，如作者依据雨前往往要刮风、聚云、打雷这一生活情理联想到写作记叙抒情类文章要用铺垫，依据娶媳妇要放鞭炮这一生活情理联想到烘托人物情感、情绪的写法等。读者生活指读者的学识、修养、地位、身份、喜好、审美水平、思想观念等，这也是会影响作者究竟要怎样表达的一个重要因素。教师的生命积淀包括教师的人生阅历、生活积累、文化素养、思想境界等，这会直接影响到教师的文本解读和艺术鉴赏能力和水平，教学课文时往往还需要教师充分发挥这些因素的作用。学生生命积淀包括学生的人生阅历、生活积累、文化素养、思想境界等，这也会直接影响到教师的文本解读和艺术鉴赏能力和水平，教师在指导学生自主学习、独立探究和生成时，不可不考虑学生自身的这些因素。课内外语文学习与历练生活，主要指学生的课内外语文学习与历练生活。教师须指导学生视这种生活为学好语文，提高语文能力和素养的一种资源，不仅如此，还要具体落实到教学实践中。如，利用课堂上师生对话、生生交流来矫正学生口语交流中的常见病，时刻注意培养学生规范语言表达的好习惯，等等。

一、"生活化"的具体含义

（一）课堂教学层面的含义。

即指教师生活化地活教教活，学生活学学活。具体讲，就是教师引导学生深入作者生活、课文生活，联系读者生活，回归生活情理，充分调动自己的生命积淀等，深入体验、感受、思考、探究，直至最终悟得课文这样而不那样遣词造句、谋篇布局和运招用技的缘由，真正学透文章的表达艺术。教师这样活教教活，学生也这样活学学活。也就是说，文章是怎么做出来的，学生就怎么学，教师就怎么教。也就是说，教师一定要依据文章究竟是怎么来的，学生究竟该怎么学来决定自己究竟该怎么教，而不是自己想怎么教就怎么教，要生活化地充分发挥课文这个"例子"的作用。学生学通悟透、入得门径了，他们才会真的感兴趣；学生真的有了兴趣，他们才有可能更喜爱学，更自觉地去学、去思、去辨、去悟，进而长期有兴趣地去学、去思、去辨、去悟，直至形成自觉意识，养成良好习惯，当日子来过。这课堂上生活化地活教教活、活学学活，是建构生活化语文教学体系（也就是建构"生活化语文教育场"）的根基，是根本立足点和出发点。

（二）课内外语文学习和语言历练层面的含义

课内外语文学习，指学生的课内外阅读、观察、体验、思辨、感悟等都相互融通，都要像过日子一样自然而然地长期坚持做。课内怎么教的，就指导学生课外怎么去阅读、观察、体验、思辨、感悟，让学生都真正过上一种自主阅读、观察、体验、思辨、感悟的生活，并使之成为一种自主、自觉的学习行为，直至成为每个学生个体生命存在形式的一部分。在一天天课内外融通地悟得语言表达规律和艺术真谛的同时，学生还能够自然无痕地不断发育和提升语文素养、文学素养、人文素养等，进而一天天地成为一个灵魂站立、素养较高的人。

课内外语言历练指课堂上教师在生活化地活教教活的同时，引发学生充分利用好课文这个"例子"，依托课文的文境或文意进行依文习作训练（如，依文学写仿写、扩写、续写、改写等练笔文，依文写随笔、点评、感想、祝福语、颁奖词、主持语等实用文）。这样的写作训练根植于学生的课文学习生活之中，或者说本身就是学生课堂学习生活的一个有机部分，因而不仅特别有益于学生深入思辨、理解和品析课文，也容易激发起学生的写作欲望，进而真写作文，写真作文，并特别想把作文写好。这样一来，学生也就会一点点地过上一种饶有兴趣且又比较自觉的真写作文，写真作文，真练思维和语言表达能力的生活。这种自然历练学生思维和语言表达能力的课堂资源，语文教师绝不可忽视甚至无视，一定要最优化地加以充分利用。此外，这种课内外语言历练还指要把课堂上师生对话、生生对话以及提炼、概括、整理各种问题结论的种种环节和契机视为培养学生口头表达能力以及提炼、概括、整理等书面表达能力的宝贵资源。课内一堂堂坚持不懈地历练，培养学生的自觉意识和良好习惯；由课内到课外长期这样历练，让学生自然地过上一种自主历练语言表达能力的生活。课堂上，教师不一讲到底，不用多媒体来变相替代学生真刀真枪的提炼、概括、整理等活动；师生、生生对话也不表象繁荣地"胡言乱语"，而是把契机和平台都还给学生，引发学生自主、真实地进行历练。这不仅有益于不断提高学生的口语规范表达能力以及提炼、概括、整理的能力，更有益于教他们过上一种自立自强的学习生活，无痕发育并养成一种"滴自己的汗，吃自己的饭，自己的事情自己干"的精神和品格。学生过上什么样的生活，就会接受什么样的教育，进而就会养成什么样的自觉和习惯，发展和提升什么样的能力与素养。只有养成了自主学习的自觉与习惯，学生才有可能真正解放口脑手脚，从课内到课外越做越好，最终形成良性循环，积极促进终身的历练、发展和提升。

（三）"生活化语文教育场"建构层面的含义

所谓生活化语文教育场，指由生活化课堂教学这个核心层（概括为"一化六教"）与层外依次建构起的"总结提升""辅助拓展""自主历练"这三个环层合力建构起的一个互化融通、互哺共生、立体四层的生活化语文教学体系。在"生活化语文教育场"内，语文教与学的多维"生活"以及各层和诸要素之间都是相互融通、互哺共生的。在"生活化语文教育场"内，师生像过日子一样长期坚持生活化的"教导学思悟练"，教学相长，共同提升。

1. "化"的三层含义。

第一层是生活化语文教与学过程中的多维"生活"的有机化通。主要有五点：一是课堂教与学同作者生活、课文生活、读者生活、教师生活、学生生活以及生活情理等多维生活之间的有机化通；二是这多维"生活"彼此之间的有机化通；三是语文知识教学与生活情理的有机化通；四是学生课内生活化地深读、体验、感悟与学生课外生活化地观察、阅读、思辨、感悟的有机化通；五是教师课内生活化地指导学生表达历练与学生课外生活化地自主表达历练的有机化通。同时，这五个"有机化通"之间又互化融通，互为给力，互哺共生。这样一来，生活化语文教学的多维"生活"及相关因素也就整体融通了，语文教与学也就全盘皆活了，真正充满活力、智慧、理趣和情趣了，也就更有实效了。

第二层是语文教与学过程中的多维"生活"的手段化、策略化和资源化。即作者生活、课文生活、读者生活、教师生活、学生生活、生活情理乃至师生课内外语文学习生活等，都是教师生活化教学和导练、学生生活化学悟和历练的手段、策略和资源，都可以生活化地、智慧而有情趣地加以充分发掘和利用。

第三层是强调要像过日子一样地做实做好语文教与学过程中课内外诸环节以及有关事宜，要实现生态化和常态化。教师课内外的教学和导练，学生课内外的"学感思悟练"，都拒绝急功近利的应试主义，都自然而然地随日子走、当日子过，回归本真、生态和常态。这样一来，学生最终自然会养成一种自觉意识和良好习惯，终身受益不尽。

2. 生活化语文教学的实践价值

（1）有利于减轻负担，提高效率，绿色备考。以高中语文教学为例，生活化教学注重依纲据本地进行本色语文教学，由高一到高三上学期要求并指导学生积累字词、语言和素材，依情据理地领悟文章这样而不那样遣词造句、布局谋篇、运招用技的门道，天长日久地坚持读美文、抄美文、悟美文、写周记，扎扎实实地夯实学生的语文基本功。这样一来，学生自然就逐渐养成了生活化地学好语文的良好习惯，形成了较高的语文素养，并不断提升了思想境界。也就是说，高考所要求的语文能力和人文素养等在平时就循序渐进、水到渠成地培养起来了。这无疑为高三备考打下厚实的基础，进而大大减轻学生的学习和备考负担，也减轻他们的思想和心理压力。不仅如此，此举还会矫正高考作文写作的低幼（低级、幼稚）化倾向，从而真正实现高一、高二和高三的完美衔接，实现高考语文绿色备考。

（2）有利于回归本源，走出浮躁，摆脱误区。生活化语文教学主张教师的教与学生的学都与生活相融通，教学的方式、方法、途径、过程、环境、体系、课程等全都生活化，其根本目的就在于引导学生入门，培养他们的兴趣、自觉和习惯。教学过程中，具体操作上始终突出积累词汇、语言和素材，扎扎实实地夯实语文基本功；始终突出教师引导学生从作品、作者、读者、现实等维度，依情据理地深入感受、体验、思考、感悟作者为什么这样而不那样遣词造句、谋篇布局、运招用技的奥妙，真正把学生领进语文学习的大门；始终突出学生要在教师引导下养成良好习惯，把语文学习和探究行为生活化，即当日子来过，并在生活化"学感思悟练"的过程中不断地陶冶情操，培育思想，提升境界，健全人格。

这种生活化语文教学尊重语文教与学的规律，不左摇右摆，不追赶时髦，不玄虚花哨，不急功近利，而是有大家子气，营养良好，抗感染能力强。所以，这种生活化语文教学必然能够最终走出浮躁，摆脱误区，返璞归真，务实有效地健康发展。

（3）有利于主体明确、平等合作、教学相长。生活化语文教学的各个环节都十分突出教师的"导"和"教"以及学生的"学"和"做"。如，在指导学生积累词汇、语言和素材，引导学生感悟成就文章的生活情理，督导学生做文摘、写周记等环节中，无不实实在在地体现着教师积极、精心的"导"和"教"以及学生自觉、用心的"学"和"做"。可见，高中语文教学生活化所定位的师生角色、所体现的师生关系是完全吻合于新课程理念的要求的，确实能够较彻底地解决目前只重教师"教"、漠视学生"学"的问题，积极促进师生平等合作，教学相长。

（4）有利于以人为本、目中有人、因材施教。生活化语文教学始终坚守以人为本、目中有人、因材施教的理念。仅以指导学生生活化地积累词汇、语言和素材为例来谈谈吧。教学过程中，教师始终指导学生根据自己的实际来解决、积累疑难词汇，通过自主阅读来摘录、点评和积累语言和素材。这样的自主模式既因人而异、因材施教地培养了学生语文基本功、良好的语文学习习惯、自主做事的能力等，也促进了学生自主精神、健全人格和思想境界的发育和提升。再以生活化阅读教学为例，教师始终引导学生走进作者生活和作品生活，调动自己的生活阅历去感受、体验、思考、感悟文章何以这样而不那样遣词造句、布局谋篇、运招用技的缘由。教学过程中，教师为学生的学习、做人和发展设计教学，关注和尊重学生的差异、因材施教，尽可能满足学生的个性差异等，尽可能让所有学生都平等参与，都尽己所能地去完成任务，不断地获得进步和发展。

总之，生活化语文教学的实践价值还是很值得广大语文教师高度关注的。当然，生活化语文教学还具有十分重要的立人价值。

二、教育世界与生活世界的内涵

生活世界由三个要素组成：文化、社会和个性。文化指的是可随时动用的知识储备。在这储备中，参与者对属于某个世界的事物相互交换和表达观点时，对该事物做出的界定社会指的是那些合法的秩序。依靠这些秩序，参与者为保证他们之间的和谐，对所隶属的社会群体成员进行的个性调整指的是主体获得言语和行动的能力和资格，使主体取得了参与相互理解过程的功能，并在其中确定了他本身的身份和特征。

教育世界隶属于科学世界，但也包涵哲学世界的含义，它既以生活世界为前提，又与生活世界不同。教育世界建立在生活世界的基础之上，教育的意义及功效最终要回到生活世界中去评判，而从教育为完善生活作准备之初，教育世界就差不多淡忘了这一源头。当前，教育世界正处于一个被信息符号和科学技术包围的生活世界之中，随着人们信息获取的多样化和对科学世界的了解日益增多。人们的主体意识逐渐加强，所以就提出了让教育回归生活世界的要求。人类的一切活动都源于生活，但又高于生活。显然，我们的教育也不例外。

从教育世界的主体上看，教学活动的主体是教师和学生，具有一定的特殊性。而从教育世界的基本特征上看，教育世界与生活世界具有很大的区别。基于此，教育世界不等同于生活世界，他们有其各自的特征，不能简单地回归到原始的生活世界。同样，作为语文教育与生活关系在这二者内涵包括下的子客体，也同样具有这样的关系。

三、名家对教育与生活关系的理论阐释

在教育与生活关系的理论阐释中，最典型的是杜威的"教育即生活"和陶行知的"生活即教育"两种理论，这两种理论是怎样阐述教育与生活的关系的？在这个大的背景下，对语文教育与生活的关系阐述又有什么启示

（一）杜威的"教育即生活"理论

杜威认为教育主体应以儿童为中心，要遵从儿童成长的自然发展规律，教育只能在这一自然发展过程中起引导作用，不能主导、超越甚至改变这种自然规律。德育必须以儿童的天性为出发点，促进个体天性的整体发展。他明确地指出儿童是教育世界的中心，教师不是指挥者，而仅仅是看护者、是助手，他坚决反对传统教育把儿童作为知识容器。在这种情况下，儿童在教学活动中既不能完全自由

地运用他在生活中所获取的经验，又不能把学校所接受的知识运用于日常生活。他认为，在个体成长的每一阶段，都应该具有同样的、本能的物质和精神需求，而教育的意义，就是给予不同年龄阶段的儿童提供与之适应的教育使人类本能与潜能得以发展。只有教育理论与生活教育相结合，才能培养儿童养成良好的生活习惯和社会责任感。

（二）陶行知的"生活即教育"理论

陶行知的"生活即教育"理论是针对中国教育的实际情况提出的。他认为，旧教育太重书本，忽略了教育与生活的关系，他将杜威的"教育即生活"的提法"翻了半个筋斗"。从定义上说"生活教育是给生活以教育，用生活来教育，为生活向前向上的需要而教育。从生活与教育的关系上说，是生活决定教育。从效力上，教育要通过生活才能发出力量而成为真正的教育。""'教学做合一'是生活法，亦即教育法。为避免教育者去瞎做、瞎学、瞎教。所以，他提出在'劳力上劳心'以期理论与实践之统一。社会即学校这一原则要把教育从鸟笼里解放出来，'行是知之始，知是行之成'是教人从源头上去追求真理。"也就是说教育是人的生活需要，教育只有通过生活才能成为真正意义上的教育。

综上所述，两个命题之间的相同之处在于都重视教育与生活之间的关系。而不同之处主要是两者的侧重点不同。杜威的"教育即生活"是从生活的角度来阐述教育，强调教育的生活意义。而陶行知的"生活即教育"是从教育的角度来阐述生活，强调"生活的教育意义或生活对教育的意义"。所以，对于二者提出的观点，要站在时代的背景下去理解，也不是简单地说要把教育直接放到生活中去，教育就是生活实践。而是强调教育与生活有重要的关系，教育要为生活服务，教育内容要基于生活的实践来选择。

四、语文教育"生活化"的价值

生活化语文教学的终极理想就是教文立人。教好文是分内之责，"教文"的过程与诸环节是渐进"立人"的前提；立好人是终极目标，"立人"是在"教文"的过程与诸环节中自然、渐进地实现的。

（一）有益于立起一个智慧学习的人

生活化语文教学最显著的特色就是教师活教教活，教出兴趣和智慧；学生活学学活，学出乐趣和智慧，学通悟透，会学会用。就语文课文学习而言，一般有三个层级：一是学习"是什么"，二是学习"怎么样"，三是学习"为什么"。"是什么"即指文章写的是什么内容、作者是谁、有哪些生字生词等，这属于最基础的层级，一般可以交给学生自学（尤其是初中高年级和高中阶段的学生）；"怎么样"指文章分几部分和多少层次、运用了怎样的写法、有怎样的写作特色等，这属于中等层级，一般可以通过启发、点拨、帮扶等方式来组织学生自学；"为什么"属于最高层级，即文章为什么要这样而不那样遣词造句、谋篇布局、运招用技等，哪怕就是学一个字怎么写的也要问个究竟。一般要由教师重点教学，引导学生深入体验、感受、思考、感悟，进而真正学通悟透。要想在教学过程中立起一个智慧学习的人来，这第三层级的教学最为重要。可惜的是，当今常态化的课文教学往往仅仅停留在第一个层级上，较好些的也不过是照本宣科地给学生讲授第二层级，至于为什么这样布局、这样运用词语和写法更好，往往则无人问津、不了了之。始终都是那句老掉牙的话：学生会的老师讲个没完，学生不会的老师也不讲。要么就是整天围着考试转，天天忙着逼学生做流水线式的中高考仿真试卷，教师究竟教什么、怎么教往往自己都不清楚，学生究竟学什么怎么学也就更不知道了。这样的语文教学，当然与立起智慧学习的人风马牛不相及了。生活化语文教学高度重视活教教活，即引导学生深入作者生活（即作者生平、写作背景、写作意图等）、课文生活（即课文语境、情境、情节以及主人公的内心世界、所生存的环境等），联系生活情理，充分调动师生的生活积淀等，真正生活化地学懂悟透文章何以这样而不那样遣词造句、谋篇布局、运招用技的缘由。这样一来，语文教与学就都和"生活"相融通，就都充满了活力和智慧，学生长期这样学和练，也就自然会逐渐发育成一个智慧学习的人了。如"杜甫川唱来柳林铺笑，红旗飘飘把手招"（引自贺敬之《回延安》）几句，仅仅教学生知道这是拟人修辞，并空洞地讲拟人修辞的定义、作用等，这肯定是枯燥乏味，没什么活力和智慧可言的。但是如果引导学生深入作者生活，进入作者的内心世界，并充分调动自己类似的生活体验，学生就会真的用生命感悟到作者非这样写不可的缘由（即作者多年后回到自己曾经战斗过的革命圣地延安，看什么都高兴，情不自禁地要尽情释放内心的激动、喜悦和幸福），那就会是充满活力、乐趣和智慧的了。再如，"假舆马者，非利足也，而致千里"中的"致"，学生经常会错写成"至"，原因就是学生没有真正读懂作者写成"致"的缘由。对此，一些教师只知道反复考练，甚至罚学生写多少遍，原因是教师也不知道作者为啥要写成这个"致"。其实语境已经告诉了我们：这"千里"之外并不是行路人自己一步一步地走过去的，而是靠车马拉着到达的，所以用"致"，有"导致""致使"之意味；相反，"故不积跬步，无以至千里"一句中的"至"，则表示是行者靠自己的双脚走到"千里"之外的，所以用"至"，表示主动。这是生活情理，更是客观逻辑，只有这样教与学，学生才有可能学得活，学得有智慧，也才有可能逐渐做到生活化地学、智慧地去悟得本质和生成新知，进而到更广阔的生活天地里去体验、感悟，用眼睛去读到、用心灵去悟到生活中的"语文"来。学生长期这样去学，去历练，他们自然就会逐渐成长为一个智慧学习的人。

（二）有益于立起一个诚信自守的人

生活化语文教学特别强调要把"是什么"层次的东西都交给学生去自主学习和积累。如课文的写作背景、作者的生平及写作意图以及课文内容、生字生词等，一定都要交给学生自主学习和积累，极特殊的情况下教师才出手相助。就大家最关心的考试来说，基础知识（如语音、成语、名句等），平时见到过的、熟悉的，做起来就不费气力；没见到过的、不熟悉的，就做不来。先说古文阅读，《考试大纲》中规定的 120 个实词、18 个虚词，必须分解到平时去积累——实际上还要积累更多。再说现代文阅读，根本的问题还是"读不懂"，读不懂的根源还是阅读量不够；作文最大问题还是"无米"之炊，巧妇尚且"难为"，一般化的"拙妇"当然就难上加难了。逼着学生为积累而积累，就会成为一种沉重的负担。在平时的语文学习过程中，指导学生像过日子一样地自觉积累，就非但不会成为什么负担，反而还会使学生逐渐养成主动、自觉积累的好习惯。再如，课文内容到底分几部分、多少层次，作者到底是怎样谋篇布局的，又运用了哪些写法，这些问题学生在教师引导和帮助下学明白了之后，接着就真刀真枪地进行提炼、概括和整理，把该做的结论都做好。更为重要的是，在教师的适机指导和适时检查的背景下，学生像过日子一样地长期这样自主学习和积累，自然就会养成不偷懒不取巧，不欺骗自己和老师的自觉和习惯。

（三）有益于立起一个崇尚博爱的人

中学语文课本是对学生进行博爱教育的好教材。生活化语文教学主张教学与生活相互融通，教师自然就会充分利用相关课文引导学生由课内到课外正确地认识生命，学会珍惜人间真爱，进而最大化地发挥教材的这一优势，无痕地渗透博爱教育。当代作家宗璞在散文《紫藤萝瀑布》中写过这么一句话："花和人都会遇到各种各样的不幸，但是生命的长河是无止境的。"这句话就是无痕渗透生命和博爱教育的一个很好的切入点。紧紧扣住这个切入点，不仅可以激发起学生对花草顽强生命的爱惜之情，还会激发起他们对紫藤萝花战胜劫难、热烈开放，用生命点燃这个世界的敬爱之情，更会激发起他们热爱生活，勇于战胜人生坎坷，鼓足生命勇气不断进取的美好情感。杜甫的诗句"安得广厦千万间，大庇天下寒士俱欢颜，风雨不动安如山！呜呼！何时眼前突兀见此屋，吾庐独破受冻死亦足"，在当今这个金钱至上、爱心缺乏的现实世界里，自然更能唤醒学生心灵深处爱天下苍生的纯真；范仲淹"先天下之忧而忧，后天下之乐而乐"，在当今这个主人翁意识特别淡薄，很多人都崇尚打好自己的人生算盘的时代，自然更能激活学生生命骨髓里爱满天下的情志。对此，教师要以尊重学生的生命为前提，让学生在"生活化语文教育场"内真正成为学习的主人，或深入作者生命世界，或与课文主人公作心灵对话，真诚地袒露心迹，热诚地拥抱博爱情怀。不仅如此，还把博爱的课堂延伸到现实生活中去，让学生在各种活动中，在多维度、多层面、多样式、多对象的沟通情境中，真切体验、感受、感悟真爱，不断滋养博爱之心。如，不少学生的家中都养有小鸟、小狗、小猫、小兔、小龟及小鱼等小动物。有的学生写日记讲，他对这些小动物关怀备至，悉心饲养，与它们有了很深的感情。每次回家，都会给小动物换水喂食，并诉说一些学校里发生的事，仿佛面对的是自己的一位小伙伴。这样的日记无疑既锻炼了学生的写作能力，又使他们从中体会到生命的伟大与可爱，进而无痕地接受了博爱教育。再如，教学杨绛的《老王》一文，教师可以指导学生做这样一些表达训练：让学生用自己的话讲述"老王"的故事，概述作者与老王交往事件的内容，评述老王其人；以老王为第一人称，改写老王给作者送香油、鸡蛋这件事情；为心地善良、老实厚道、知恩图报的老王拟写颁奖词或祝福语，表达对老王的祝福；为老王拟写一副挽联，表达"一个幸运的人对一个不幸者的"愧怍与哀思；对老王这类弱势群体说说自己的想法；等等。这样的语言表达训练，不仅以"本"为本，还把语言表达训练与社会生活和学生的爱心培育高度融合在一起了，无疑也会很好地促进学生的博爱之心的发育和生成。总之，"生活化语文教育场"也是学生博爱之心的培育场。培育的方法当然是灵活的，形式是多样化的，只要教师是一个培育学生爱心的有心人，那就会天地广阔，大有作为。

五、语文教育与生活的关系

在当今激烈的社会背景下，语文与生活的关系越来越紧密地联系在一起。"生活有多么广阔，语言就有多么广阔"，"生活处处有语文"等成了近年来许多语文教育工作者都愿意接受的观点。这一观点的重要性在于，只有与生活密切联系，才有无穷的语文资源可供开掘，才能培养学生学习语文的兴趣，促进学生的全面发展，提高学生创造性。这与新课程改革的初衷相一致。但如何将语文教育与生活的关系有效结合在一起，笔者认为可从以下几点来建构语文教育与生活的关系。

（一）语文教育来源于生活，对生活的内容进行选择

陶行知的生活教育理论，始终将教育、教学同人类的社会生活紧密结合起来。他认为，要将课堂教学的内容深入到生活，即把书中的各个生活情景延伸到生活当中。这样通过教学内容的生活化趋向，来激发学生学习语文的兴趣，感受到学习是快乐而有意义的。课堂教学由学校、社会、家庭延伸，由课内向课外扩展，促进小课堂与大社会的沟通，为学生的成长创造广阔的空间。现在的语文考试也把这个方面体现得更加明显，如综合训练中的语文应用，就是选取生活中典型的语文运用来进行考核的，如编辑一个黑板报，写一个请假条，发一条祝福短信等

生活内容。

当然，虽然语文教育来源于生活，但对于生活的内容并不是全盘采摘的。教育基于生活，还要选择生活中适合语文教育的素材，同样不是任由学生自己选择，需要教师积极地参与语文教学改革，为学生选择他能理解的，并符合他的生活运用的语文内容，因此现在不同地区有不同版本的教材，把语文教材编制的权力下放到省级单位，这也是体现对生活内容的选择不是一个标准，需根据各地区不同的水平、不同的地方特色来选择，更加强调了选择的重要性。

（二）语文教育为生活所需，要深入生活的意义层面

首先，从理论意义上讲，"欧洲大陆哲学与分析哲学有过一个非常相近的起因，即发现了表达式与被表达对象之间的'意义'层。20世纪的西方哲学可以被看作以各种方式对这个中间层的方法论和存在论含义的追究"。例如，当我们使用"教学"这一概念的时候，我们其实已经赋予了"教学"不同于其事实状态的"意义"，它已经与具体时空下的教学活动拉开了距离，成了一个具有特定含义的概念，而这个特定的含义则与使用者的主观意向有关，"生活"这个概念也是如此。马克思说："动物和它的生命活动是直接同一的，动物不把自己同自己的生命活动区别开来，它就是这种生命活动的意义所在。人则使自己的生命活动本身变成自己的意志和意识的对象。"其次，在新课改下《全日制义务教育语文课程标准》提出了"综合性学习"的要求，以加强语文课程与生活意义的联系，在生活中提高学生学习语文的素养。语文素养是指能适应生活意义所需、具有可持续发展前景的综合素养。因此，我们的语文教育应有计划、有系统、有组织地将学生融入生活，同时尽力排除生活环境中的不良因素，增强学生的判断能力，从生活中筛选出真正有价值，有益于学生身心发展，有利于语文教育教学整体发展因素的发展。

（三）生活是培养语文能力的基础

在生活中学语文，这是"大语文教学观"的需要。一方面，在语文教育的内容上，不论持哪种观点，抱什么看法，这些通通都与生活分不开。因为教材中的每一篇课文都来自于生活，即生活是培养语文能力的基础和源泉。所以，我们理

应以课堂为起点来实施生活化的教学，加强课堂教学与生活的沟通，让教学贴近生活、联系实际，在教学中遵循学生生活的逻辑。以学生的现实生活为课堂教学的重要源泉，为学生搭建体验和感悟生活的平台。另一方面，教学的生活化是将教学活动置于现实的生活背景之中，从而激发学生作为生活主体参与活动的强烈愿望，同时将教学的目的、要求转化为学生作为生活主体的内在需要，让他们在生活中学习语文，在语文学习中更好地生活。只有这样，才能真正提高学生学习语文的兴趣。

第二节　生活化教学方式的相关探索

教师在教学开展过程中发挥的作用最为显著，要想真正落实语文教育生活化，首先需要的就是教师真正意识到这一重要性，从而在思想上树立教学生活化的理念。勇于打破传统教学理念及陈旧教学方式栅锁的束缚，重视学生的实际学习状态及强化语文教学效率。只有教师真正具备"生活化"的思想理念，才能够发自内心地精心设计教学并以此开展相关的教学活动，积极引导学生贴近生活、走向生活，关注所处社会热点，强化学生人际交往能力及书面表达技巧，使得学生在自身体会实践的过程中积累丰富学习素材，强化提升学生的语文综合学习能力。

课堂是教师开展教学的主阵地，是学生进行知识交流学习的重要场所，同样也是开展生活化语文教学的起点。教师在进行相关教学设计环节时，应当尽可能全面考虑，依照教育大纲要求并结合实际教学相关内容，尊重学生之间客观存在的个体差异，将真切的生活紧密相连，使得教学开展更为贴近生活。这样开展教学，使得原本死气沉沉的课堂气氛变得活跃，学生在欢快轻松的课堂氛围下进行相关知识内容学习。例如，教师可以对学生的学习场所进行一定的设计安排，制订设计特色区域，如优秀展示区、图书角等，真切落实语文教学生活化，为学生营造良好教学开展氛围，改善提升学生的语文学习效率。

生活化教学的开展与相关教学所用素材是密不可分的，它讲究的是一定的真实性，而不是教师简简单单地为了开展相关教学而进行一系列凭空捏造。学生在学习书本教材内容时，有些文章的写作背景及所处时代距离当今学生生活较远，存在着一定的差异性；还有些文章尽管涉及的是学生见过的生活现象但恰恰又是相对薄弱的理解区域……面对这些常见的问题，教师在实际教学开展过程中应注意引导学生留心观察生活实际，让学生在对生活实际观察的过程中拓宽自己的知识涉及面，强化提升学生的观察及理解能力，培养锻炼学生的相关情感体会，让学生通过自身观察实践进一步理解相关教学内容。

教师在课堂教学开展过程中，应注重学生的课堂教学主体地位，将语言文字更好地转化为客观实际，重视强调学生的主观感受。教师可以巧妙运用多媒体等辅助教学工具立体直观地为学生再现课文中描绘的相关场景，让学生体会身临其境，强调其主观能动性，激发语文学科学习兴趣，加深其对于相关课文内容的理解及把握，让学生对文本中表达的相关情感更为真切地体会和感悟。

书面表达作为语文教学开展过程中的一大重要环节，恰恰也是最能体现学生差异的一大教学区域。很多学生都存在写作时无话可说或文章篇幅太短的问题，就算是文章篇幅足够但由于情感空洞而又不具备真实体验，长此以往使得学生对作文学习丧失兴趣，并逐渐产生抵触心理。新课程改革的进行，对于学生的写作教学开展提高了重视，也提出了相关具体要求。写作教学开展时教师应当注重现实生活的联系，从而培养学生善于在生活中发现素材的良好习惯；同时激发学生的表达欲望，加深培养学生真情吐露的写作表达技巧。

语文源于生活，而生活中处处皆是学问，只有在实际教学开展过程中注重与实际生活的紧密联系，引导学生进行相关的实际生活积累，才能够使得学生在轻松欢快的课堂气氛中更好地强化提升自身的综合语文素养，更好地让生活为语文学习服务，在语文学习理解过程中体会感悟生活，真切落实语文教学生活化。

一、语言历练

教学生把课内外语言历练视为一种生活，就像过日子一样自主、自觉地做，直至使他们历练出一种自觉和习惯。语文课堂上，总会有正音释词、口头答题、师生对话、讨论探究、概括整理等历练语言的事要做。教师教学生一天天实打实地做好这些事情，随日子走、当日子过，他们就会慢慢练好驾驭语言文字的基本功。说白了，语言文字的基本功是这么来的，学生也就应该这么学和练，教师也就该这么教和导。这才符合语言文字基本功的历练和习得规律。为此，教师每堂课都该有意识地指导学生适时、适度地合理历练，这是前提。换句话讲，也只有长期这样积极、自觉、合理地历练，学生才有可能渐渐地把每堂课中的这种历练视为一种生活，进而养成自觉和习惯，从而到课外也这样认真对待，用心做好。

当下绝大多数语文课堂（尤其是高中）严重漠视学生语言文字基本功的历练和习得，几乎就没有这方面切实的指导和历练。当下的语文课堂上，文本教读往往是蜻蜓点水、匆匆而过。再加之极端应试主义观念严重，很多教师往往是整堂整堂地强行灌输，只有亲口"吐"给学生他们才放心。不仅如此，在这种教与学环境里培育出来的学生，也仅仅学会了"吃等食"，以至于老师一不"填鸭"他们反而不知所措了。还有，为了最快地获得应试效益，一些教师往往把每一课的生字生词都打包丢给学生，逼着他们去死记硬背，以对付各种考试；一些教师还把各种问题的结论也做成多媒体课件，上课时直接展示给学生，不给学生任何积极思考、自主探究、发表见解的机会。至于课堂上师生对话、生生对话中的一些语言不规范现象，教师则更是听而不闻，几乎不做任何矫正——事实上不少语文教师自己的语言素养就不合格，本身就是一个不规范语言文字的制造者。如此这般，长此以往，这历练语言文字基本功的诸环节也就成了理所当然、货真价实的灰色地带。试想一下，在这样的语文课堂环境下长大的孩子，他们又怎么能够重视语言历练呢？又哪里会把历练语言文字基本功当日子来过呢。所以，也就不要指望学生能够真正形成较厚实的语言文字基本功了。现在，人们动辄对中学生乃至大学生语言文字基本功表示不满，岂不知我们的语文课堂在这方面的效益几乎就为零了。非但如此，甚至还导致学生腻烦、生厌，进而对发展他们的语言文字能力都产生了极大的负能量。为此，我们一定要按规律来教学语文，一定要着力矫正当下的课堂教学之重弊，一定要切实教导学生历练出较深厚的语言文字基本功。

由此看来，"教学生把语言历练当日子过"相当重要。那么，我们究竟该怎么做实做好这件事呢？主要有三点工作。

第一，教学生主动落实好正音释义。

有专家认为，小学和初中阶段学生掌握 3000 个常用汉字就够用了，因而高中阶段就不必那么重视生字生词的教学了。这话有一定道理，但不能完全赞同。辨字释义，熟练掌握，学以致用，应该是多多益善。所以，高中阶段应该不存在"对此可以放松一下"的说法。为什么要这样讲呢？道理其实很简单。汉字也是一种文化，掌握汉字是学生语文基本功的一种体现。学生一辈子都要学习和运用汉字，人人都该活到老学到老。当然，高中阶段学习生字生词与小学和初中阶段在方式、方法上还是有较大区别的。小学阶段，语文课堂教与学的一个很重要的内容就是生字生词的学习和掌握，基础年级更是如此。当然，到了小学高年级，生字生词的学习和掌握就可以渐渐退到次要地位了，但还是需特别重视的。到了初中阶段，生字生词的学习和掌握仍是课堂教学的一项必不可少的内容，而且广度和深度还要加大。到了高中阶段，生字生词的学习和掌握仍然应该是课堂教学的一个比较重要的内容，只是学习的时间点和形式有了较大的变化。也就是说，这一阶段生字生词的学习和掌握更应该逐渐让学生自己去查阅工具书来正音、辨形和释义了。教师只要做好指导、帮扶、督促和检查就足够了。同时，学生学习生字生词的时间和地点也有了变化，一般是课外的预习环节由学生自主来完成，教师不必包办代替。这样一来，学生就没了依靠，也就只好自己去做了，慢慢也就养成了自觉和习惯。

第二，教学生主动整理课堂笔记。

现在很多语文课堂不再重视教学生主动整理课堂笔记了，根本也就谈不上教师引导学生真刀真枪、一板一眼地总结、归纳、概括和整理笔记了。也就是说，在语文课堂上，学生最该做的事情都被严重忽视甚至取消了。众所周知，学生的这种总结、归纳、概括和整理能力是必须要通过切实的实践来历练的，最好是充分利用好学生课堂学习语文这个生活资源。只有这样，才有可能最大程度上激发起他们做实做好总结、归纳、概括和整理这些事的积极性、主动性和自觉性。同时，这样做还有益于学生深透地学好课文的思想内容和表达艺术，不断增强学好语文的兴趣和信心。现在最严重的问题是，很多语文教师总是利用事先制作好的课件，在课堂上直接展示各种结论。这样做，表面上看好像在充分运用现代信息技术，实则在利用多媒体技术彻底剥夺学生直接历练总结、归纳、概括、整理以及口头表达等能力的机会。还有少数教师，则干脆忽视教学生总结、归纳、概括和整理为陈旧观念和行为，不屑去做这样的事情。所以，当下的语文课堂往往不过是一通浮躁的热闹而已，学生的思维和语言能力实际上并没有得到切实的历练。课堂上长期不让学生切实做好这些事情，长此下去，学生也就慢慢学会了"吃等食"，其总结、归纳、概括、整理、提炼以及口头表达能力也就根本得不到切实的历练和提高。现在，很多学生听话理不出个要点，读文抓不住中心和层意，更不能简明地概括、提炼出要义来，这已然成了常态。就说大家都特别关注的语文高考吧，每年的试卷上都会有一些要求考生总结、归纳、概括、整理和提炼的试题，但令我们大跌眼镜的是，尽管仿真型高考备考训练我们从高一就狠狠抓起了，但学生在这类试题上得分仍极不理想。课堂上不实实在在培养这种能力，课后又往往仅仅是做题讲题以及疲于奔命的周考、月考、期中考、期末考和各种统考之类，这对学生历练和提高语言能力终有何益呢？如此折腾一通，很多学生这一辈子恐怕都不会具有较强的总结、归纳、概括、整理、提炼以及口头表达能力了。更为可怜的是，他们这一辈子恐怕也不可能再有机会补上这一课了！

第三，教学生主动历练表达能力。

美国教育家戴尔·卡耐基的一项调查表明：成功的秘密 15% 在于技术，85% 在于人际关系和处世技巧。这 85% 当中有很大一部分该属于语言表达能力的范畴。毋庸置疑，随着市场经济和改革开放的日益推进，社会对学生语言表达能力的要求也会越来越高。语文教学的本务就是教学生学好语言表达艺术，掌握运用语文进行表达的本领。当今世界，欧美国家的母语课程也都特别注重语言表达能力的培养。

然而，令人特别痛心的是，在当下这个"极端应试主义"横行的背景下，语文课堂几乎见不到实实在在的语言表达（包括口语和书面语）历练了。课堂上，师生对话、生生交流往往语言很不规范，却几乎不见有老师自觉矫正。不仅如此，课堂上各种问题的结论也基本上被多媒体替代了，根本就不存在实打实地历练口语和书面语的环节和契机了。或者说，学生口语和书面语的历练全都被推到课外去了，去由学生自己随意自便了。为此，要想在课堂上切实地培养、历练学生的语言表达能力，必须做实做好这两点：

（1）教学生做足"悟"功。首先，要引导学生由课文的语言文字切入，深入感知、理解课文的思想内容，反过来再来感受、品味、辨析、欣赏和感悟语言的艺术魅力，进而深透领悟课文何以这样写而不那样写的缘由。这一点后面的章节还要具体、深入地谈，这里不展开。其次，要通过课堂教读引导学生利用课堂所学到现实生活中去悟。要引导学生抓住这样一些"悟"的着眼点：①阅读时文、美文和同龄人的优秀作文时，用心品悟其表达艺术；②阅读其他学科的教材时，用心悟得理科教材语言的周严性和文科教材语言的条理性；③欣赏电影、电视剧时，用心比较语言文学艺术和影视文学艺术的区别，并能够在影视画面中悟出课文的"影子"；④收看《焦点访谈》《今日说法》《社会经纬》等电视节目时，用心品悟主持人的"过渡"和"总结"艺术；⑤观察周围的人和事时，用心悟出如何抓住动人的细节或场面进行描写、表达真情实感的门道；⑥聆听他人的演讲、报告和讲话时，用心悟出观点和材料的关系、语言表达方式以及语言的表现力和感染力等；⑦观察社会和自然现象时，用心悟出作家遣词造句、谋篇布局、运招用技所依据的情理。

（2）教学生做足"练"功。首先，根据课文语境，引导学生进行据文境写祝福语、主持语、颁奖词、楹联、启事、内容摘要、微报道、点评、发言稿、辩论稿、总结、计划等实用文训练，进行据文境仿写、扩写、续写、补写、改写，写读后感、人物评论、艺术评论等练笔文训练。其次，引导、启发学生根据课文的思想内容、人物形象或艺术手法来积极展开思辨，发表自己独到的看法。

总之，要抓实抓好历练语言文字基本功的课堂环节，指导学生积极主动地历练语言，切实地养成规范、健康地运用语言进行表达、交流的好习惯。课堂上扎扎实实地这样教学和历练，让学生获得更为充分而实在的体验和感受，进而使他们充分认识到规范、健康地运用语言的重要性；课外定期举办专题讲座，不断强化、巩固和提升，做好课内外的衔接与过渡，引导学生到课外更广阔的天地里去自觉历练。同时，我们还必须认识到，这样教学和历练不仅对学生逐渐养成规范、健康地运用语言文字的自觉性和好习惯特别有益，对他们一天天发育不浮不躁、自觉本分、踏实做事的品格也十分有益。

二、语文积累

学生的语文积累主要包括三个方面：一是教学生积累字词、语法、修辞、逻辑以及文学常识等语文知识；二是教学生积累语言；三是教学生积累素材。教学生把语文积累当日子过，就是指教师教学生生活化地进行语文积累，并且就像过日子一样地长期坚持，直至形成自觉的养成习惯。具体点儿讲，就是教师生活化地引导学生回归语文本源，充分调动自己的生命积淀，积极主动地思辨、感悟，或积累字词、语法、修辞、逻辑等方面的语文知识，积累语言和素材。主要谈三点活教和教活的方法。

第一，课内外结合地教学生活积累"我的活知识"。

教学生活积累"我的活知识"，具体讲，就是字词的积累回归造字法、词语组合法、成语典故和生活情理等；语法、修辞和写法知识的积累回归具体语境和生活情理等；文学和文化常识知识的积累回归作者生活和时代背景等。所谓"活积累"，就是强调积累的途径和方法等都要生活化，要充满活力、情趣、理趣和智慧。所谓"我的活知识"，就是强调学生一定要通过生活化的途径和方法来活积累语文知识，且这个积累过程一定是高度个性化的，富有情趣、理趣和智慧的。必须强调一点，这个知识一定不仅能够活在学生生命里，还一定是能够活用的。主要有两条路径来活教学生积累"我的活知识"：

（1）通过生活化课文教学来活教。这里谈如何结合课文教学活积累语法和文学、文化知识。

先谈谈通过生活化课文教学来教学生活积累语法知识。恩格斯的《在马克思墓前的讲话》中有一个长句子："正像达尔文发现有机界的发展规律一样，马克思发现了人类历史的发展规律，即历来为繁芜丛杂的意识形态所掩盖着的一个简单事实：人们首先必须吃、喝、住、穿，然后才能从事政治、科学、艺术、宗教，等等。"面对这个长句子，学生往往很不容易找到真正的宾语；而找不到句子的宾语，就会严重影响语意的理解。这时候教师很有必要指导学生如何生活化地理解和把握长句子的结构。其实，这句话的真正宾语应该是"发展规律"。有点儿麻烦的是，这个"发展规律"带上了两个复指成分：第一个是"即历来为繁芜丛杂的意识形态所掩盖着的一个简单事实"，第二个是这个复指成分，即"人们首先必须吃、喝、住、穿，然后才能从事政治、科学、艺术、宗教，等等"。本来，这两个复指成分都是可以回到原位的，即可以把原句子改写成"正像达尔文发现有机界的发展规律一样，马克思发现了为繁芜丛杂的意识形态所掩盖着的，旨在揭示人们首先必须吃、喝、住、穿，然后才能从事政治、科学、艺术、宗教等等的原因的人类历史的发展规律"。这样一改，句子似乎更规范了，但定语层层积压，句子冗长，读起来非常吃力，甚至上不来气，理解起来也更费神费力了

（2）通过生活化专题讲座来活教。通过生活化课文教学途径教学生活积累语法、修辞、写法和文学及文化知识等，这当然应该是主要渠道。但光靠课堂教学渠道还不够，还需要进行生活化的总结和提升，即结合教学内容和进度，合理、适度、有序安排一些专题讲座。讲座中的引例须超出课堂教学范围，以激发学生听讲座的兴趣，开阔他们的知识视野，促进他们课内外互哺共生地活积累好这些知识。比如，举办"生活化地活学活积累语法知识""生活化地活学活积累修辞知识""生活化地活学活积累写法知识""生活化地活学活积累文学和文化知识""生活化地活学活积累逻辑知识""散文、小说、诗歌的实质""走进古人的文化生活"等讲座。我的教学实践证明，这些讲座的辅助拓展效果特别好，也更有利于促进学生生成活积累的智慧。这里不再赘例展开。

（3）通过生活化地指导学生考练来活教。初高中阶段的考练题和作业题常会涉及文字知识、语法知识、修辞知识、写法知识、文学常识、文化常识等。仍像进行课文教学那样地活指导学生去活积累，并依据学情及时温故，强化，扩展，知新。具体做法与前文谈到的没什么两样，所以这里也不展开了。语文知识的表象当然都是死的，但语文知识的来源和形成过程毕竟都是活的。为此，语文教师必须生活化地教学生活积累语文知识，并且还要帮助他们能够形成自觉，养成习惯，"把积累'我的活知识'当日子过"。假如"语文死知识"的总量为百分百，我们一定要力争让学生生活化地学通悟透百分之七八十，尽最大可能降低需死学死记的数量。这不仅是努力为学生减负的问题，更是教活学生、培育智慧人才的大问题。为此，教师一定要把"死知识"教活，教出乐趣，教出灵性，教出活力和智慧来，教得学生能够学活学透、会学会用，能够当日子来过。不仅如此，还

能够使学生在学习过程中自助式地无痕发育自主探究、触类旁通、举一反三的智慧、能力以及自主精神、独立人格和创造品质等。

第二，课内外结合地教学生活积累"我的活语言"。

一线教师大都会有这样一个印象：学生读了不少写作素材，记录了很多名言佳句，到写作时还是不知怎么用，或干脆就用不上。谁都知道，写作时用名言佳句不外两种形式：一是直接引用，二是巧妙化用。当然，不管怎么用，都必须与语境无痕对接，用得恰到好处，做到顺畅自然、和谐有力。学生为什么做不到这一点呢？最大的问题就是他们并没有真正内化和拥有这些名言佳句，也就是没有高度生活化地用生命积累、消化这些名言佳句，并使之成为"我的活语言"。当然，也就更谈不上课内外融通，像过日子那样长期自觉地坚持用生命活积累"我的活语言"了。

第三节　语文教育生活化唤起文化意识的觉醒

教育的根本是人的发展，而人发展的一个重要前提就是文化意识的觉醒。文化意识是人主体意识的核心内容，也是个人主体发展水平的重要标志。文化意识在人的发展和文化的建设过程中发挥着重要作用，它既是文化追求的动因，又是文化赖以发展的来源。若一个人没有自觉的文化意识，那么他就不会觉察自身文化素质的局限，且难以评判个人文化水平的高低优劣，更不会产生见贤思齐之心而去主动地、有选择地追求最利于自己发展的优秀文化。教育之所以称为教育，正在于它具有唤醒心灵，解放人性，诱发潜能的功能，只有"受过教育的人"才能具有明确的主体意识，才能深刻地体会到生命感、价值感。

语文教育蕴涵着丰富的文化资源，在对学生进行文化唤醒方面具有强大优势。将语文教育理解为一个与文化对话的过程，学生是这一过程中的文化主体，只有明确自身的文化主体地位，才能意识到自己是文化的主人，从而对文化有自主选择、自主判断的权力。当他面对文化时不会束手无策，或只是将其当作单纯的文化知识来接受，而是能够放眼去粗取精、去伪存真，摄取对自己发展最为有利的部分。经过这样反复的文化接触、文化体验的历练，学生对自身和文化的认识与理解就会日渐深刻，不再耽于肤浅，并逐步形成一种日渐厚重的历史文化感，在对文化的选择、把握、理解、创新中能够做到清醒自知。

有心理学者认为，人有归属的需要。民族是人的根，失去了民族之根，人就会像浮萍一样到处漂泊流浪，找不到精神上的归属。而将民族与个人紧密联系在一起的纽带就是民族文化。向年轻一代传递文化是语文教育的一个重要任务，年轻一代只有在对本民族的文化有深刻理解的基础上，其民族文化意识和自豪感才会油然而生。

语文教育作为一种与文化对话的活动，重视对人心灵的陶冶，能够帮助学生形成对真、善、美的追求，能够有力地保证学生文化创造的正确方向。同时，语文教育的文化过程重视学生的个人体验，学生情感体验上量的丰富和质的提升，使得学生在进行创造时能够信心十足，意志坚定，不畏困难，勇于进取，从而保证了创造活动的顺利进行。

一、培养学法贯通的文化意识

语文教学一般都是通过一篇篇课文的教学来进行的。这样一来，学生课后所获的学习方法、策略、规律等往往是零零散散的。时间一长，这种零散的方法、策略、规律等则会更加零散，甚至会因过于零散而慢慢耗散掉。这对知识和技能的巩固，对自觉和习惯的养成，对能力和素养的发育和提升等都是很不利的。为此，一定要紧随教学进程对接一些必要的回顾、梳理、总结、巩固、强化和提升的专题讲座，以促进学生真正学懂悟透，获得提升。可见，这个过渡带的建立，不仅有利于学生更准确、系统、到位地把握知识，掌握本领，提升能力和素养，也是在为文化意识的培养铺设坚实的过渡带，并且还特别有益于促进学生养成"把语文学习当日子过"的自觉和习惯。

首先介绍"语言文字学习策略生活化指导"这个专题讲座。

一是"回归生活情理活学易读错的字词"专题微讲座。这个微讲座旨在梳理、总结以前课内所学到的有关知识和写法，运用生活化教学策略，进一步比较系统地指导学生深入文本语境、回归生活情理、造字法、成语典故等，关注学习生活中鲜活的语言现象，生动活泼、富有情趣地去学习、理解、积累语言文字（如易读错字，易写错字、成语等）。同时，指导学生生活化地正音辨形，并形成意识、习惯和能力。不仅如此，鼓励学生能够举一反三，自主生成，自觉地去活学、活积累那些容易读错的字词。

二是"回归生活情理活学易写错的字词"专题微讲座。比如，成语"欢呼雀跃"，学生们常会误写成"欢呼鹊跃"。为了比较彻底地解决这类问题，引导学生回归生活情理，让他们谈麻雀和喜鹊的个头。最终学生自然明白了：麻雀个头小，体重轻，跳跃起来自然要轻快得多，而喜鹊则不能这样高频率地"雀跃"了。成语"声名鹊起"，学生常会误写成"声名雀起"。

此外，指导学生回归成语故事和生活情理来识记字形，理解词意。如，"黄粱美梦"这个成语出自唐朝人沈既济的《枕中记》，讲的是有个卢生在邯郸店里向一道士诉说自己的贫困。道士得知他的情况后，便从行李中取出一个枕头来，卢生就枕着这个枕头躺下，不一会儿就睡过去了，在梦中享尽了荣华富贵。最后，卢生一觉醒来，发现店家的小米饭还没煮熟呢。所以这个成语中的"粱"自然不应该写作"梁"，而应写成下面是"米"的"粱"。又如，词语"挖墙脚"易被误写成"挖墙角"。其实，"墙脚"指墙根，是比喻整幢建筑的基础部分，就像人的脚一样。所以形容一种可以颠覆整体的极其危险的破坏行为，就是"挖墙脚"。而"墙角"则指墙的角落，未必一挖就倒。

清人王艮曾讲："不乐不是学，不学不是乐。"意思就是说，真正学进去的、会学习的人，都会把学习当成一种可以享受的乐事，以至于会上瘾并乐此不疲；而那些没有真正学进去的人则永远是门外汉，根本就不会体会到学习的乐趣。说实话，真正的学习里面真的会有很多乐趣和智慧，关键要看学习者是否入门了。可见，教学生生活化地识记并积累字词有多么重要。它不仅会使学生学得富有情趣和理趣，更会促进学生发育并形成举一反三、自觉学习、自主生成的能力和习惯。

三是"回归生活情理辨析病句"专题微讲座。句子是我们在日常生活中交流思想、表达情感的基本语言单位。想叫句子充分发挥交际作用，起码的要求是语句顺畅，合乎语法规范。如果一个句子字不从、文不顺，不合乎语法规范，那它就有毛病了。说话时语句缺少必要成分、语无伦次、成分赘余、语意不明、不合情理等，这与说话人的语言修养和习惯很有关系。究其原因，主要应该有两点，一是个人的语言修养不够，二是一个人所在的语言环境不理想。

接下来介绍"文学类文本品析策略生活化指导"这个专题讲座。根据实际情况，把它也分成了以下一些微讲座。

"散文类文本品析策略生活化指导"专题微讲座。通过这个微讲座告诉学生：散文有其特质，其实则是情文。散是其形表，情是其灵魂。写人记事，绘景状物，目的都指向表意抒情。正因为如此，散文中的人、事、景、物也就成了作者表意抒情的介质，都浸透着作者的情与意。所以散文品析需教师引导学生走进作者的生活和生命，听准其呼吸，切准其脉搏，进而深入体察、感受文本语境、情境和意境等，以真正读懂作者所要表达的情与意。唯有如此，学生才有可能真正领悟作者这样写而不那样写的缘由，真正享受到一篇篇散文独特的艺术美。为此，在讲座中要强调散文赏析的"三要"：

一要走进作者生活，了解作者的创作背景、内心世界和创作意图等，从中揣摩出文章的主旨。

二要走进文本生活，深入文本情节、情境、细节以及主人公内心世界。读懂文本是散文阅读的第一要务。任何一篇散文，都是一个艺术化的世界。在这个世界里，有情节，有情境，有细节刻画，更有着一个个活生生的艺术形象，可以统称为文本生活。深入走进文本生活，是把握散文主旨内涵最基础的一环。

三要走进写作过程，从遣词造句、布局谋篇、运用写法等方面探究作品的艺术特色。想要读懂散文，除了关注作者生活和文本生活外，还应该走进创作的动态过程里，站在作者写作的立场上，去思考此情此景下作者为什么选择这样的词句、这样的结构和这样的手法。这种创造过程的还原可以帮助我们最大限度地贴近作者的内心世界。

"小说类文本品析策略生活化指导"专题微讲座。通过微讲座让学生明白：小说的品析重在深入写作背景和作者的心灵世界，准确地把握他的创作意图，而后切准作者意志下的小说主人公的脉搏，进而深层次地、准确地逼近乃至把握住作者塑造这个主人公的真意图，从而品读、赏析、评价小说中的人物形象。为此，一般也要做到"三要"：

一要走进作者生活，了解作者的创作背景、内心世界和创作意图等。这样才能比较准确地理解和把握文本主旨，进而品析、欣赏到小说的语言艺术之美。任何作品都是作者对现实生活的感悟、思考和表达。所谓的"作者生活"，一般而言，指作者的生平事迹、思想主张、理想追求以及生活背景等。小说源自生活高于生活，是作者对生活的深切感悟、深入思考和艺术表达，通过对生活在特定环境中人物形象的塑造，借助一定的故事情节，传达作者的情感和思考。所以，我们一定要首先走进作者生活，了解作者的创作背景、内心世界和创作意图等，从而比较合理、准确地理解和把握小说文本的思想主旨。

二要走进文本生活，即深入文本情节、情境、细节以及主人公内心世界等。这样才有可能比较合理、准确地理解和把握小说的人物形象和思想主旨。作者为什么要写小说？无外乎要表达自己的认识、观念、意志、理想等，只是没有采用论说或抒情的方式，而是用小说主人公的命运以及小说中的种种情节、矛盾来表达而已。小说中的人物命运和情节、矛盾等都该是作者认识、观念、精神、理想等的寄托介质。鉴于此，阅读和品析小说就不能不走进小说的文本生活，即作者意志下的小说环境、情节、情境、语境等，以求切准作者意志下的小说主人公的脉搏，进而深层次地、准确地逼近乃至把握住作者塑造这个主人公的真实意图。

三要由小说的遣词造句、布局谋篇、运招用技等方面入手，品析其特色及功用。经典的小说还是很注重遣词造句的，以便突出小说的主旨或情感。小说的布局谋篇，通常是指情节结构安排。常见的有双线结构、倒叙情节安排、跌宕起伏的故事情节以及"欧·亨利式结尾"等。这些结构形式也都是为更好地表达主旨服务的。所以，要品析小说写作特色及其功用，就不能不由小说的遣词造句、布局谋篇、运招用技等方面入手。

二、培养表达提升的文化意识

语文教学的本务就是教学生悟得语言表达的真谛，学会语言表达艺术，为学生未来的学习、工作、交际、创造和发展奠定语言表达之基。这个本务体现了语文学科的特质，这是其他学科都无法替代的。当然与其他学科教学一样，语文教学的终极教育理想也是立人，但这"立人"，一定是在教学语文的前提下自然地融于语文教学的过程和诸环节之中的。写作教学尤其是教文立人的重要途径，而要最大化地实现这个教文立人的意愿，融"立人"于生活化的表达历练之中当是一个理想路径。为此，在具体教学过程中，结合具体进度为学生做这些专题讲座，及时对学生进行表达提升的生活化指导。

第一是"依文写练笔文生活化指导"专题讲座。这个专题的讲座内容很多，具体包括依文进行仿写、改写、扩写、续写，写读后感、人物评论、艺术评论等的指导。于是，结合教学进度分成若干微讲座来进行，如"仿写与改写指导微讲座""扩写与续写指导微讲座""读后感写作指导微讲座""人物评论写作指导微讲座""艺术评论写作指导微讲座"等。

第二是"依文写实用文生活化指导"专题讲座。这个专题的讲座内容也很多，具体包括依文给作者或课文主人公写祝福语、颁奖词、楹联，给课文人物、思想观点、艺术手法等写点评，给课文写内容提要，给予课文内容相关的朗诵会、演讲会、辩论会写启事、微报道、发言稿、辩论稿等，给予课文或作者有关的专题阅读、专题研讨等活动写总结、计划等的指导。这一类专题讲座也会因教学进度和具体情况分为若干微讲座。如"祝福语与颁奖词写作指导微讲座""楹联写作指导微讲座""点评与摘要写作指导微讲座""启事写作指导微讲座""微报道写作指导微讲座""发言稿与辩论稿写作指导微讲座"，等等。

当下，校园网比较发达，不少校园活动就是用微报道的形式在校园网上呈现的。比如，"一代朦胧诗，几多丹心曲"主题诗歌配乐朗诵会、"品读司马迁"征文活动、"李仙杜圣，高韵千古"主题诗歌朗诵会、"'目见耳闻'就一定是真的吗"辩论会、"我心中的屈原与司马迁"演讲报告会等一些活动，就可以用微报道的形式呈现在校园网上。

这种依文写实用文训练指导，不仅有利于学生最大化地掌握表达历练形式与技能，更能够调动他们富有情趣、高度自觉地参与训练的积极性，进而促进或强化这种意识和习惯的不断发育和形成，也为他们日后的学习、工作和发展等奠定厚实的语言表达功底。

三、培养素养沉淀的文化意识

学生读了不少作文素材的书，也抄录了不少自认为很好的素材，可是一动笔写作文就用不上了，或者不会用了。这是什么原因呢？那就是这些抄录下来的素材还没有真正内化为自己的生命，还不能够真正属于他自己，至多只是一种抄录式累积。其实，真正的素材积累绝不是简单接收式地死抄录、死累积。果真这样，绝对是没什么用的，除了造成巨大的浪费和负担之外。一句话，学生积累素材必须是要经过自己头脑思辨和生命过滤的，一定得是生活化、生命化、个性化的。换个角度讲，也只有真正实现了将素材积累生活化、生命化和个性化，才能称得上素养积淀。那么，学生究竟如何做得到呢？主要应在教师的指导下做好两件事，一是坚持做实做好提炼经典文本的思想内涵，二是生命化地活积累"我的活素材"。这第一件事是前提和基础，这第二件事是结果和延伸，两者互哺共生。为此，在课文教学过程中，坚持教学生做实做好这两件事。课内做实做好，就是为了让学生在课外也能够做实做好，并且能够像过日子一样长期坚持这样做，逐渐养成自觉意识和良好习惯。

下面，就以"经典小说人文内涵提炼课内生活化指导"微讲座（片段）为例，以点带面地说明一下。

（1）要于细节中发掘和提炼人文内涵。细节描写对塑造人物形象、推进情节发展、表现生活环境有重要的作用。尤其是在小说中，对人物形象的细节刻画不仅能使人物形象丰满，更能突出小说的主题。所以，在阅读小说时，要学会从人物的细节刻画中提炼作品的人文内涵。比如，俄国作家契诃夫的讽刺小说《变色龙》，就非常具有戏剧性：一只小狗咬了首饰匠赫留金的手指，警官奥楚蔑洛夫来断案。在提炼小说的人文内涵时，我们可以从分析作者对小说主人公奥楚蔑洛夫的细节刻画入手，思考、明辨奥楚蔑洛夫的是非判断标准：若狗主人是普通百姓，就严惩小狗，株连狗主人，中饱私囊；如果狗主人是将军或将军哥哥，就奉承拍马、邀赏请功、威吓百姓。这样一来，《变色龙》这篇小说的人文内涵就从奥楚蔑洛夫的人物形象细节刻画中被发掘和提炼出来了。如今，"变色龙"已经成了一个代名词，来讽刺那些善于察言观色，并常在相互对立的观点间变来变去的人。这种人，毫无信义和原则可言。这样的"变色龙"在我们的现实生活中依然存在。

（2）要于变化中发掘和提炼人文内涵。小说人物的形象往往比较丰富而丰满，而非干瘪单调的。正是这种充满变化的人物形象对小说的主题起到了突出表现的作用。因此在理解小说的人文内涵时也可以从人物形象的前后变化中去探求，如，理解和把握《我的叔叔于勒》这篇小说的人文内涵，主要应通过菲利普夫妇对于勒态度的前后变化来探求、发掘和提炼。菲利普夫妇对于勒的态度前后形成了鲜明的对比。也正是在这种鲜明的对比中，作品揭露、批判了资本主义社会金钱至上，人与人之间是纯粹的金钱关系而没有亲情的现实，以及人们极端冷酷、极度虚荣的自私心理。这样的人文内涵，在今天的社会背景下也是很有警世价值的。这确实是一个很严峻的道德和价值命题。

（3）要于对比中发掘和提炼人文内涵。文学作品中的人物往往不止一个，因而要注意人物与人物之间的关系，尤其是要注意作品中的人物之间形成的对比关系，以从中揣摩出作品深刻的人文内涵。《一滴眼泪换一滴水》这篇课文（节选自雨果的小说《巴黎圣母院》）中，卡西莫多被行刑时，他内在的美与副主教及周围的观众的丑形成的鲜明的对比，把人性的复杂、善恶、美丑展露无遗。更重要的是，还让爱思梅拉达的一系列的神态动作，与其他人的冷漠无情形成了鲜明的对比，以突出表现这位姑娘的善良之心。正如雨果说过的："世界上最宽广的是海洋，比海洋更宽广的是天空，而比天空更宽广的是人的心灵。"这就是这篇课文的人文内涵。

（4）于环境中发掘和提炼人文内涵。小说中常会穿插环境描写，这是一种写人的方法。环境描写是指对人物所处的具体的社会环境和自然环境进行描写，它是服务于文章的主题和人物刻画的。因此，理解和把握文学作品的人文内涵，还少不了对环境描写的分析、发掘和提炼。

第六章　语文教育心理学概述

语文学科是我国教育史上最古老的学科之一，而语文教育心理学是语文学科科学化进程中的重要基石。本章将以语文教育心理学为论述对象，首先对语文教育心理学进行概述，然后分别介绍阅读心理与阅读教学、写作心理与写作教学、听说心理与口语交际教学的相关内容。

第一节　语文教育心理学概述

一、语文教学与心理学的关系

语文教学与心理学的关系十分密切。主要表现在：

第一，语文教学必须基于学生的心理因素。语文教学的对象是人（即学生），心理学研究的对象是人的心理活动，两者在研究对象上是一致的，这就带来了语文教学与心理学相连相通的联系。2000年3月，国家教育部颁布了重新修订的中学语文教学大纲，对教学目的的表述是：要指导学生正确理解和运用祖国的语言文字，具有适应实际需要的现代文阅读能力、写作能力和口语交际能力，具有初步的文学鉴赏能力和阅读浅易文言文的能力，致力于学生语文素养的整体提高。在教学过程中，进一步培养学生的爱国主义精神，激发学生热爱祖国语言文字、热爱中华民族优秀文化的感情，培养社会主义思想道德品质，培养高尚的审美情趣和一定的审美能力，发展健康个性，形成健全人格。要实现语文教学目的，必须运用心理学理论进行指导。心理学的研究任务，从人的共性来看，是把纷繁复杂的心理现象归纳为三种心理过程：一是人的认识过程，包括感觉、知觉、记忆、思维、想象等，二是情感过程，包括态度、情绪、情感等，三是意志过程，包括意志、信念等。从人的个体心理来说，有能力、气质、性格、兴趣、动机等不同的心理特征，就有人的个别差异。这些与语文教学密切相关，语文教学中传授知识，培养读写能力、口语交际能力，发展学生智力，陶冶情操，哪一个环节都离不开学生的心理，且只有依据学生的心理发展，适合学生心理发展的年龄特征，考虑学生心理发展的阶段、水平，利用学生心理发展的规律，才能使学生受到积极的教育影响，从而提高教学效率，取得最优的教学效果。人们梦寐以求想要提高教学质量，殊不知这质量就在心理学中。例如，教《向沙漠进军》一课，学生开始不喜欢这篇课文。他们心想：沙漠又不好玩，加上这篇文章写得又不美，所以不想学。有位老师了解学生的学习心理后，对教学做了精心设计。他激发学生的学习动机，激情地讲述着："同学们，没有讲新课之前，我想先给大家朗诵一首唐代边塞诗人王昌龄的诗：'青海长云暗雪山，孤城遥望玉门关。黄沙百战穿金甲，不破楼兰终不还。'这首诗写得慷慨悲凉，反映了唐代将士的戍边生活。诗中告诉我们，楼兰古国在当时十分繁荣，是丝绸之路上的重镇，商旅往来，络绎不绝，在军事上可以与唐朝较量。楼兰应在我国新疆鄯善地区，可在地图上却消失了。是怎么消失的呢？是黄沙掩埋了（学生惊讶）。战争毁灭一座城市可以重建，而沙漠毁灭一座城市却是很难重建的啊！为了保护环境，我们对沙漠应该怎么样"学生回答："对沙漠进行改造，向沙漠进军！""对，现在我国西部地区正在开发，准备引水到罗布泊，昔日的楼兰就要重现光彩了。"于是，学生兴致很高、积极地投入了学习。这个教例，教师巧妙地运用了心理发展规律，以动机、兴趣等心理因素调动了学生学习的积极性。这说明心理学对语文教学具有指导作用。在语文教学中，一切教学目的的实现，教学内容的落实，技能训练的进行，教学手段的运用等，都必须符合学生的心理需要、心理活动的规律和发展水平的特点，才能让学生心甘情愿地接受学习内容并将之变成他们自己的东西；都必须通过学生心理这个内因才能起作用。学生学习的心理因素是影响教学效果的决定因素。如果不注意学生学习的心理因素，其教学效果不是事倍功半、吃力不讨好，就是事与愿违。

第二，语文教学必须促进学生心理健康发展。语文教学在培养学生正确理解和运用祖国语言文字，形成适合需要的读写能力和口语交际能力的同时，还要"发展学生健康个性，形成健全人格"。这就要求教师按照心理学理论，不失时机地针对学生的个性差异，因材施教，在语文教学过程中培养学生的心理品质，提高学生的心理水平，使学生健康成长。心理学认为，个性是指人具有一定倾向的比较稳定的心理特征的总和。人是有差异的，如性格的差异、气质的差异、兴趣爱好的差异、生活经验的差异、自我治理的差异等，每一个独立的个体、独特的个性心理倾向性是客观存在的，因而教学必须发展学生健康个性，使其形成健全人格。发展个性，离开了心理学便寸步难行。

第三，语文教学改革必须以心理学为依据。语文教学既依赖学生心理，又发展学生心理，用心理学理论来指导语文教学，这是语文教学优化的根本出路，也是语文教学改革的关键。

举凡教学改革都必须以心理学为依据。20世纪50年代开始，人类社会突飞猛进。由于新技术革命的蓬勃兴起，信息社会急骤到来，计算机的出现与不断更新，引起科技迅猛发展和知识量的急遽增长。它要求人们特别是未来一代具有适应现代社会与创造生活的能力，要求教育进行改革。而这场改革的主要倡导者和实验者，都是教育心理学家。例如，美国布鲁纳、奥苏伯尔等人的认知学派教学论，斯金纳等人的新行为主义教学论，罗杰斯、马斯洛等人的人本主义教学论；加涅的学习阶层论、阿特金森的最佳教学策略论和布卢姆的掌握学习理论；苏联赞可夫的发展性教学论，巴班斯基的教学过程最优化的学说，沙塔洛夫的纲要信号教学法等；德国根舍因的范例教学论，克拉夫基的批判设计教学论；保加利亚洛扎诺夫的暗示教学理论；等等。他们各自从教育心理学出发，提出了教学改革的主张。就拿布鲁纳来说，他主张"课程改革"。首先，他从学习心理学的规律出发，认为知识的概括水平越高越有利于迁移运用，知识越简要（能够在理解后归纳为公式最好），越有利于记忆与检索。任何课程教学必须使学生掌握这门课程的基本结构，即基本的原理、概念、规律与体系，形成并发展其认知结构。其次，只要方式方法得当，任何学科的基础知识，都可及早地教给儿童。再次，提倡发现法，"发现不限于寻求人类尚未知晓的东西，确切地说，它包括用自己的头脑亲自获得知识的一切方法"。让学生通过自己的学习和探索"发现"事物变化的因果关系及其内在联系，形成概念，获得原理，大力发展学生的直觉思维。最后，依靠学习材料本身激发学生学习的兴趣，借其内部诱因支持学习。

又如，洛扎诺夫的暗示教学法，是指"创造高度的学习动机，建立激发个人潜力的心理倾向，从学生是一个完整的个体这个角度出发，力求把各种无意识暗示因素组织起来，使学生的学习成为一种享受，从而大大提高教学效率"。很明显，暗示教学法从心理学出发，调动"有意识与无意识统一"，发挥"暗示相互作用"，切合学生的心理因素，带来教学"愉快而不紧张"的良好效果。

教学改革必须以心理学为依据，才有科学的基础，才有效果和生命力，才能经得起反复以至无穷的实践检验，才能推广应用。

20世纪80年代，语文教学改革率先登场，虽然取得了一些成绩，但成效不大，或者失之烦琐，既苦了学生，也苦了教师；或者失之偏颇，各执一端，走向了反面；或者只有偶然的思考，没有必然的联系；或者不思进取，教改难以为继。凡此种种，都是因为缺乏科学理论的指导，尤其是心理学理论的指导。

从心理学的建设来看，心理学运用于教育领域是其最大的价值所在。心理学也离不开语文教学。语文教学以大量的教学实践来丰富心理学的理论殿堂。对语文教学中大量涉及心理学的问题，心理学要给予研究并做出回答，以其新事实、新规律、新发现而拓展自己的领域。

二、教育心理学的发展

心理学是一门十分古老的学科，到现在已经发展为100多个分支，其中一个重要分支就是教育心理学。德国教育家赫尔巴特是最早将教育学和心理学结合起来的学者，他在1806年出版了《普通教育学》一书，书中提到以心理学为基础来教育儿童、用心理学的观点来对待教育中的问题的方法。

德国心理学家威廉·冯特与赫尔曼·艾宾浩斯对学习心理学进行了深入研究。1879年，冯特建立了世界上首个心理学实验室，它标志着心理学脱离哲学家的理论思辨而成为一门独立的科学，具有划时代的意义。艾宾浩斯是将高级心理过程引入实验室进行研究的先行者，他证明了实验法的有效性，对心理学建设起到了重要的推动作用。

1903 年，美国心理学家爱德华·李·桑代克出版了《教育心理学》一书，"教育心理学"这一名词得到确定，这标志着"教育心理学"从儿童心理学、教育学中独立出来，成为一门独立学科，且确立了教育心理学的学科体系。

1969 年，出现了"教学心理学"的概念。教学心理学在 20 世纪八九十年代受到了西方心理学家的高度重视，很多极具盛名的心理学家都开始从狭小的实验室走向了课堂，对学校教学情境中教学主体的心理活动特征、规律、现象等进行研究，这使得教学心理学成为教育心理学的一个重要分支，同时也是最有活力的研究领域。对教学心理学的深入研究，为教学问题的解决、教学的有效实施、教学规律的深入认识等提供了重要的理论与技术支撑，不过，当时的研究存在理论与实证缺乏系统性、教学实际缺乏针对性等不足。

到了 20 世纪 60 年代，教育心理学产生了丰富的研究成果，其逐渐形成了学习心理与教学心理两大领域，相对应地，教育心理学也分为了学习心理学和教学心理学两大学科分支。

三、语文教育心理学的发展

语文教育心理学是教育心理学的一个重要分支。现阶段，我国语文教育心理学研究其实还并不成熟，其主要体现在，我国语文教育心理学主要是通过引进西方理论以及从学科教学的视角来对教育心理学的观点进行诠释的。下面将对我国语文教育心理学的发展历程进行介绍。

（一）早期研究

自 1919 年刘廷芳在美国哥伦比亚大学进行汉字心理研究开始，我国语文教育心理学早期研究的代表人物及其研究成果如表 6-1-1 所示。

表 6-1-1　语文教育心理学早期研究的代表人物及其研究成果

时间	代表人物	研究成果
1919—1921 年	刘廷芳 （留美博士）	① 1919 年，研究发现汉字的学习是借助已经认识的单字，以联想解释的方式学习生字 ② 1921 年，通过对中国和美国的成人、华侨学生、美国学生共 205 人的调查研究，得出"汉字字形对字义的影响大于字音对字义的影响"这一结论
1921 年	陈鹤琴 （留美硕士）	在《语体文引用字汇》中列出了 4261 个语体文应用单字，这是最早关于汉语字量的研究
1925 年	陈礼江 （留美硕士）	对汉字横直编排对阅读的影响进行心理研究
1923—1949 年	艾伟 （留美心理学硕士、哲学博士）	①对汉字的辨认和读写的关系、形声与形义在课堂的形成等进行研究，1949 年出版了《汉字问题》一书，这是关于汉字识字心理的经典著作 ②对汉语文句的学习、理解、表达进行研究，1948 年出版了《阅读心理：国语问题》一书 ③对汉字横排、竖排对阅读的影响，汉字简化的心理基础等进行研究
1928 年	沈友乾	利用眼动照相技术，对汉字横直阅读与眼球运动的关系进行了对比研究

（二）中华人民共和国成立后至 20 世纪 70 年代末的研究

中华人民共和国成立至 20 世纪 70 年代末，关于语文教育心理学的实验研究明显增多。如表 6-1-2 所示，介绍了这一时期语文教育心理学实验研究的主要人物与研究内容。

表 6-1-2　中华人民共和国成立后语文教育心理学实验研究的主要人物与研究内容

时间	主要人物	实验研究内容
1963 年	沈晔、曹传咏	速示条件下儿童辨认汉字字形特点的研究
1965 年		儿童对汉字进行分析概括、辨认字形能力的发展的研究
1964 年	叶绚、曹日昌	对语文视觉、听觉材料同时识记时的相对优势与干扰情况的研究
1964 年	段惠芬、曹日昌	对文言文和白话文的识记方法与过程进行实验
1965 年	曾性初	对汉字学习难易度（冗余度信息）进行研究
1973 年	林青山	以汉字为视觉刺激开展皮电反应实验研究
1978 年	郑昭明	汉字列表的语音相似性对记忆的影响的实验

（三）20 世纪 80 年代到 20 世纪末的研究

20 世纪 80 年代到 20 世纪末，我国语文教育心理学研究有了很大突破，并初步建立起了语文教育心理学的理论体系雏形。这一时期的代表人物主要是潘菽与朱作仁。其中，潘菽于 1980 年主编出版了《教育心理学》一书，书中第八章对语文教学的心理学问题进行了论述；朱作仁则于 1982 年出版了《语文教学心理学》一书，该书对小学语文学科的心理规律进行了系统阐述，还构建了语文教学心理学的理论框架。

此外，有关语文教育心理学的学科专著还有许多，具体如表 6-1-3 所示。

表 6-1-3　20 世纪 80 年代到 20 世纪末出版的有关语文教育心理学的学科专著

专著名称	作者	出版时间
《语文教学心理学》	谭惟翰	1986 年
《语文教育心理学》	杨成章	1994 年
《语文教学心理学》	蔡起福	1994 年
《语文教育心理学》	钟为永	1998 年
《中学语文教育心理研究》	周庆元	1999 年

在这一时期还出现了语文教育学科领域内的分项研究，具体包括有关听与说的研究、识字研究、阅读研究、写作研究以及综合能力研究。

（四）2000 年至今的研究

2000 年至今，我国出版的关于语文教育心理学以及学科分项研究的论著有很多，下面列举其中的一部分（表 6-1-4）。

表 6-1-4　2000 年至今出版的有关语文教育心理学与学科分项研究的部分论著

类型	专著名称	作者	出版时间
有关语文教育心理学的论著	《语文教育的心理学原理》	韩雪屏	2001 年
	《中学语文教学心理学》	林崇德、申继亮	2001 年
	《语文教育心理学基础》	王松泉	2002 年
	《语文教育心理学》	韦志成	2004 年
	《语文教育心理学》	董蓓菲	2006 年
学科分项研究的论著	《作文心理学》	刘淼	2001 年
	《阅读发展心理学》	闫国利	2004 年
	《阅读与学习心理的认知研究》	莫雷	2006 年
	《写作教学心理学》	朱晓斌	2007 年

此外，这一时期的相关研究还包括：2000 年，王小明研究了图式理论在小学语文句子教学中的应用；2001 年，潘建忠研究了小学生阅读说明性文本的理解监控策略；2006 年，刘友谊研究了获得年龄及其在汉语视觉词汇加工中的作用机制；2013 年，陈永香研究了早期习得动词的语义特征及其对词汇加工的影响；2015 年，周爱保通过连续多篇的篇章学习，来提取练习策略对高阶技能的影响。

总体而言，2000 年以后，语文教育心理学的发展概况如下所述：（1）语文教育与心理学的结合不够紧密；（2）理论与实践的结合不够紧密；（3）语文教育心理学的学科理论体系建设尚不完善；（4）学科研究有弱化实验研究的趋势。

四、语文教育心理学的学科含义与研究内容

（一）语文教育心理学的学科含义

语文教育心理学作为一门应用性学科，是语文课程教学理论和教育心理学相结合的产物。其从学科心理的角度，通过借鉴心理学的研究成果，对实践领域中的各种心理现象、规律、特点进行研究。具体来说，语文教育心理学就是对语文学科领域中"学生学"和"教师教"的心理活动规律的研究，其研究对象是语文教育过程中教师与学生的心理活动现象及其变化。

语文教育心理学主要是对学生语文学习心理过程的阐述，其可以帮助教师根据学生语文学习的心理活动与规律来开展有效的教育，进而使语文教育的水平不断得到提升。此外，语文教育心理学还揭示了语文教师的个性心理特征与社会心理特征。

（二）语文教育心理学的研究内容

语文教育心理学的研究内容主要包括以下几个方面，如图 6-1-1 所示。

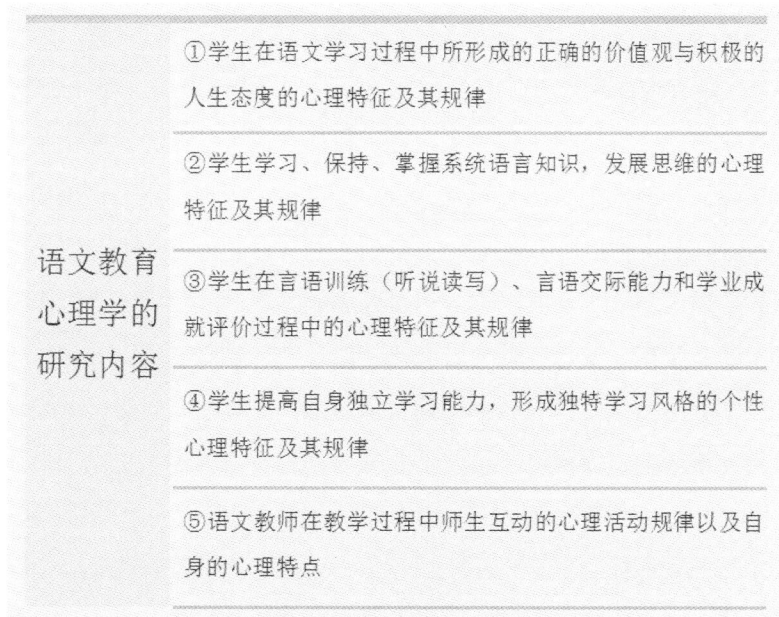

图 6-1-1　语文教育心理学的研究内容

五、学生学习语文的心理

（一）学生的言语心理

语言与思维的关系至为密切又错综复杂。正像美国心理学者指出的：语言和思维的关系问题是语言研究中最有趣、最富于争论性，有时又最为紊乱的问题之一。语言与思维这两者都离不开社会而单纯存在，人类是在客观社会环境的接触和相互作用中发展言语与思维的，因而它们的关系既紧密又复杂，人们对于语言和思维的关系有不同的观点。

一是思维决定语言。这种理论可以追溯到 2500 年前，亚里士多德提出的思维范畴决定语言范畴。从种系发展和个体发展来看，逻辑运算的发生比言语的发生要早，聋哑儿童、盲童与正常儿童相比，他们虽没有语言，但都有思维。

二是语言决定思维。这种理论的主要看法是，在种系发展中，语言与劳动一起产生，劳动是思维、人类意识最主要的推动力，各种活动（包括动作）及语言是个体思维产生的基础。即使是聋哑人的思维也离不开手势、符号等特殊的语言，这种语言也是人类语言意义的定格。

三是语言和思维是一个密切相关的统一体。这个结论得到多数学人的认同。首先，语言是思维的物质外壳，思维是语言的内核，思维和语言在同一个事物上，在外壳和内核上保持着统一。其次，语言有概括和调节作用，能概括就能打破感觉器官的局限性，使人把感觉、知觉、表象等上升为理性思维，借助语言，运用概念、判断、推理进行思维，反映事物的本质和规律性。再次，有了概括化的语言，可以调节、沟通人与人之间的思想、传授经验等，把同一代人联系起来，还可以把历代的人联系起来，使思维成为一种概括的反映，且是一种以知识为中介的间接反映。人掌握语言并使其不断丰富和发展，推动思维也日益丰富和发展。语言调节着人的思维活动，促使人的思维不断完善，思维能力不断提高。所以，语言是思维的语言，思维是"语言思维"。没有语言，就没人的理性思维；没有思维，就不需要作为承载工具或手段的语言。

但是，语言与思维也有区别：第一，语言和思维是两个概念，语言是物质的东西，思维是精神的东西，把物质的东西与精神的东西等同起来是不对的。同一思维内容可用不同的言语形式来表达，同一语言如一些词的形式可以表达不同的思维内容。第二，从种系发展史和个体心理发展来看，语言发展中存在非思维阶段，思维发展中也存在着非语言阶段，因而出现了语言与思维分离的生理与心理现象。

认识语言和思维发展的关系，用以指导中学生言语与思维的发展。中学生言语和思维发展，表现在言语发展滞后于思维发展。许多学生语言材料积累不多，经常出现词不达意、词不逮意、词语贫乏、言不及义、言不尽意的通病。他们不是没有生活，也不是没有思想，没有思维活动，而是言语问题。因而，在中学语文教学中，应该指导学生学习语言，发展思维，从而取得学习语言的良好效果。

（二）学生的智力心理

1. 学生的智力心理因素

智力是指人在认识客观事物过程中所具有的稳定的心理特征的综合，智力是一种能顺利地从事多种活动、解决问题的能力，即常说的"聪明""智慧"。在智力定义的揭示中，德国儿童心理领域的学者指出："智力是指个体有意识地以思维活动来适应新情境的一种潜力。"也就是说，智力是个体对生活中新问题和新条件的心理上的一般适应能力。能适应新情境的这种潜力，并且是有意识地以思维活动来解决的，这就是智力。例如，司马光砸缸救小孩的故事，就是在新情境面前，一个小孩掉进水缸里，怎样救小孩，在众多小伙伴束手无策的时候，司马光用石头砸缸，水流了出来，小孩得救了。又如，比利时布鲁塞尔的小于连，半夜起来小便发现敌人炸城，导火索在吱吱燃烧，他急中生智，撒尿浇灭导火索，从而拯救了全城人的生命。智力集中表现在两个方面：一是反映客观事物正确、完全、深刻的程度上，二是应用知识解决实际问题的速度和质量上，能够在这两个方面认识问题和解决问题就表现了人的聪明才智。例如，关于天体运行，一千多年来都被"地心说"所统治，即认为地球是中心，其他星球包括太阳都是围绕着地球转。哥白尼通过自己的观察、研究，提出了"日心说"，在反映客观事物正确、完全和深刻的程度上表现出智力。又如，我国古代曹冲称象的故事，就是以解决问题的速度和质量表现出自己的聪明和智慧。

智力因素，一般认为由观察力、注意力、记忆力、想象力、思维力这五种心理因素组成。个体的智力，不是这五种基本心理因素的简单叠加的结果，而是这些心理因素的有机联结，综合形成一个完整的独特的心理特征，使人能顺利地从事多种活动，解决各种问题。这种联结通常称为智力结构。

2. 学生的非智力因素

非智力心理因素，广义是指智力心理因素以外的一切心理因素，狭义是指人的意向活动逐步形成一系列稳定的心理特点，即由动机、兴趣、情感、意志、性格等五种基本心理因素组成。智力心理因素与非智力心理因素有着明显的区别：

（1）智力心理因素的组成因素——注意力、观察力、记忆力、思维力、想象力等，与人的认识活动相联系，促使人们认识世界，发挥认识作用，属于理性范畴。非智力心理因素的组成因素——动机、兴趣、情感、意志、性格等，与人的意识倾向活动相联系，促使人们主动地去改造世界，发挥意向作用，属于非理性范畴。

（2）智力心理因素能组成一定的结构，它们之间相互促进或促退的关系是必然的，非智力心理因素没有一定的结构，它们之间相互促进或促退的关系不是必然的。

（3）智力心理因素构成教学（学习）过程的心理结构，属于活动中的执行操作系统；非智力心理因素构成教学（学习）过程的心理条件，属于活动中的动力调节系统。

非智力心理因素的五个基本因素是人生在世"适者生存"的因素，它们各自的基本含义如下。

动机，是一个人启动和维持活动的心理倾向。它表明人参与活动的原因，回答"为什么"去从事某种活动，并指向一定的目的。根据人的不同需要，动机有不同的分类。对于积极参加学习的中学生来说，每个人都应该有自己的学习动机。学习动机是启动、引导和维持个体进行学习活动的一种内部力量或内部机制。正确的学习动机，是学习"取之不尽、用之不竭"的动力源泉。当前我国青少年学生学习动机大致有以下几种类型：

第一，动机不太明确的学生占调查学生人数的 15% 左右。他们没有学习目的，把学习当成是应付家长和教师的"差使"，学习混，混到毕业万事大吉。

第二，学习是为了履行某种社会义务，占调查学生人数的 18% 左右。这类学生来校学习是为了给家长争光，为了得到教师的好评，给班级争荣誉，不做留级生或后进生。

第三，为个人前途而学习，占调查学生人数的 23%。这类学生学习是为了升大学，将来好成名成家。

第四，为祖国和人民而学习，占调查学生人数的 44%。这类学生有正确的学习动机。他们学习目的明确，为振兴中华、提高中华民族的文化水平而学习，把个人与国家、人民的需要紧密结合起来。他们把个人当作是一滴水珠，融进了集体的海洋。现在学好功课，就是为了将来为祖国效劳，为人民服务，为现代化建设献出自己的青春和力量。

这四类"动机"比例的事实，说明我国中学生学习是有"动机"支持的，而且大多数学生的学习动机是积极向上的。对学习动机正确的学生，要给予肯定、鼓励和表扬，强化他们的动机。对动机不明确的学生，要开导他们，帮助他们提高认识，端正学习态度，激发他们确立正确的学习动机。对为个人前途和为履行某种社会义务而学习的学生，要给他们分清动机的类型，转化他们的学习动机，使他们转到正确的学习动机上来。学生的学习动机问题解决了，就能给学习带来源源不绝的动力。

兴趣，是人认识某种事物的一种特殊倾向。这种特殊倾向，使人对某种事物给予有限的注意，且能维持较长的时间，具有稳定的指向和趋向。由于兴趣的这种特殊倾向，使之成为人们从事学习和工作的强有力的支持，推动人们去寻求知识、从事活动。语文学习，要毫不动摇地想方设法地培养学生的学习兴趣。不少学生语文学得不好，就是因为对语文课没有兴趣。原因有三个：一是课文选编得不好，离他们的生活太远，缺乏时代气息；二是老师讲得不好，啰唆，没有情趣，没有味道，听这样的课没劲；三是语文考试老搞标准化，ABCD 四个选项，颠三倒四，差别不大，烦死人。这三个原因致使学生不喜欢语文，因而培养学生学习语文的兴趣，绝不能掉以轻心。布鲁纳说："学习的最好刺激，乃是对所学材料的兴趣。"语文教材要进行改革，特别是要贴近现实生活，贴近学生实际，用语文教材的魅力激发学生的学习兴趣。语文课堂教学要进行改革，要废除几十年来"新书一本，先生讲学生听"的一贯制，代之以新鲜活泼的启发式、讨论式教学，激发学生的独立思考和创新意识。"启其蒙而引其趣"，这是教师的责任。至于语文考试的标准化，应该有一定的比例，同时要加大学生展示自己才华的主观题的分量，使学生的思想能自由放飞。

　　情感，是人对于周围各种事物和现象的内心感受。教育的本质，就是对受教育者启智和传情。启智，晓之以理；传情，动之以情；启智，是教书；传情，是育人；教书，教师要当经师；育人，要当人师。语文课是一门情感性十分突出的课。语文教材由文章编选而成，"情者文之经""感人心者，莫是乎情"，情感贯注于文章之中。常言道，人非草木，孰能无情？学生是"喜、怒、哀、惧、爱、恶、欲"七情具备，对生活充满了热望。教师更是有情人，热爱教育事业。文章情、学生情、教师情，怎一个"情"字了得？语文教学就是在教材、学生、教师这情感的"黄金三角洲"内，谱写教育的乐章。语文课必须调动学生的情感，激发感情，心旌摇荡；诱发感情，一拍即合；触发感情，同心共鸣。既让学生带着强烈的感情学习，又培养学生健康高尚的感情——道德感、理智感和美感。

　　意志，是人自觉地克服困难、调节行为，为实现预定目的而努力的心理过程。意志的标志是自觉性，意志的核心是坚韧性。学习语文当然要讲究"乐学"，而且"乐学"是教改的使命，但是学习语文绝不是游玩和嬉戏，"志不强者智不达"（《墨子·修身》），因此需要运用意志来控制自己，克服三分钟热度，以坚韧性来要求自己，锲而不舍，持之以恒，才能有学习的成效。有位哲人说，意志可以决定一切。只要下定决心，以顽强的毅力战胜自己，不达目的誓不罢休，就一定能成功。对学生进行意志的调节和控制，运用语言调节是主要手段。如给学生讲述学习语文的意义，激发他们学习语文的信心；介绍本篇课文或本堂课的学习目的，鼓励他们坚持学习；对学生进行正面教育，对缺乏意志的学生适当地进行有分寸的对事不对人的批评教育。同时，也可以通过教学内容来鼓励学生的意志。

　　性格，是人对现实的稳定态度和相应行为方式习惯化的心理特征的综合。性格表现在对人和事物态度的一贯性，如有的学生乐群，有的孤僻；有的严于律己，有的自由散漫；有的诚实，有的虚假；有的勤勉务实，有的爱慕虚荣；等等。同时，在对人和事表现相应的行为方式，具有恒常性的特征，如对待学习中的困难问题，有的学生动脑筋钻研，有的学生则懒惰、马虎；对待公益劳动，如做清洁卫生，有的学生积极投入，有的则借故走开；等等，这些行为方式就表现出学生的勤勉或懈怠、热情或冷淡的性格。当这对人和事的态度及相应的行为方式定型化就成为学生的性格。性格是复杂的，对学生来说还是可变的。中学生正在成长时期，可塑性较大，犹如璞玉，"玉不琢，不成器"，学生良好的性格需要有耐心的培育才能形成。语文教学要注意利用性格因素，激励学生以良好的心态投入学习，并利用语文课的人文情思塑造学生的性格。

3. 学生的学习过程

在学习语文的过程中，学习是学习的主体，学生自始至终必须处于主动地位，教师是不能包办代替的。学生自主参与教学，实质上是在教学中解放学生，使他们在特定的自主性活动中获得主体性的发展。一篇课文的教学，学生是主体，需要他自己学习，才能有所收获。如果教师把这篇课文讲得津津有味，说得头头是道，学生只是被动地听讲，那么这篇课文的学习，只能是老师的学习，而不是学生的学习。学生的主体地位被教师的"好心"代替了。要充分认识到，学生是学习的主体，不是假主体、半主体。语文教学心理学有不少理论，而学生的主体性理论是居于首位的。

学生学语文的过程是一个自动学习的过程。在教学过程中，学生是学习的主人，课堂的主人，时间的主人。他们必须参与教学活动：全体参加，全面学习，投入全过程。全体参加，指每一个学生都必须进入学习状态，这是他们学习的权利，谁也不能剥夺。过去那种培养尖子生的英才教育，就剥夺了不少学生学习的权利。要落实每个学生的学习权和发展权，变英才教育为大众教育。全面学习，学生在语文课中的学习必须是全面的学习，不是单纯的"学习语言"，而是在学习语言的同时，还要发展智力，陶冶情操。投入全过程，指自始至终的投入，在学习和理解教学内容的过程中表现自己、确证自己，同时也改造自己，实现自己的发展。事实正是这样，作为主体的人，只有亲身经历某事、某活动，才能有深刻的体验，才能转化为经验或知识。学生主体参与教学过程，亲自品尝到知识的甘甜，发现知识产生和发展的过程，感受到成功的欢乐，同时也协调了师生关系。

学生学语文的过程，是一个情智结合的过程，是指在学习过程中智力与情感交融共进。教学要依赖学生的智力心理因素和非智力心理因素，这两大因素在教学过程中和谐共振，智力心理因素给学习提供操作系统，非智力心理因素为学习提供动力源泉。情知对称，使教学过程真正成为"以心理活动为基础的情意过程和认知过程的统一"，把人类最美好的情感和智慧融为一体，实现了教育学与心理学的巧妙联姻。情知对称，既使课堂充满活力，又使学生收获智商与情商双丰收的学习效果。

第二节　阅读心理与阅读教学

阅读是从文本中提取意义的过程。本节通过对阅读理解能力和阅读过程模式的论述，来对阅读心理与阅读教学的相关内容进行解读。

一、阅读理解能力

（一）PISA 与 PIRLS

2000 年，国际经济合作与发展组织第一次在全球范围内开展了"Program for International Students Assessment"（PISA，国际学生评估项目），其每三年进行一次。该项目为全球 15 岁学生阅读素养、科学素养、数学素养的评估提供了量化的事实依据和"无形的教育竞技场"[①]。

2001 年，国际教育成就评估协会主办了全球性小学生阅读素养测试——Progress in International Reading Literacy Study（PIRLS，国际阅读能力发展研究），每五年进行一次。该测试是当前世界上唯一针对 9 岁儿童阅读素养的跨文化、跨国界的比较研究。

PISA 与 PIRLS 都认为，阅读能力指的是学生理解、运用、反思文章内容，来实现个人目标、扩充自身知识、发挥自身潜能、参与社会活动的能力。PISA 与 PIRLS 都是在认知心理学原理的基础上设计并构建起阅读能力评估框架的。二

---

① 董蓓菲 .2009 国际学生阅读素养评估 [J]. 全球教育展望 ,2009,38(10)：90-95.

者都是从五个方面开展阅读能力评量的，这五个阅读能力要素（如图 6-2-1 所示）也充分展现了学生阅读理解的心理过程。

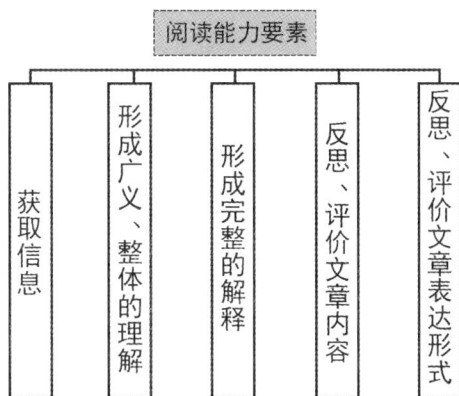

图 6-2-1 PISA 与 PIRLS 阅读能力五要素

下面将分别对这五个要素进行简单的介绍。

1. 获取信息

获取信息要求学生从文章中找出有关信息，如文章的观点与主题，事件的主人公，事件发生的背景、地点、时间等。

2. 形成广义、整体的理解

形成广义、整体的理解要求学生通过文章标题明确文章的主题与写作目的，明确图表的数据用途与范围，理清故事的主人公、环境与背景等，从而形成对文章的整体感知与一般理解。

3. 形成完整的解释

形成完整的解释要求学生全面阅读文章，并将文章各个部分的有关信息联系起来，以从逻辑上形成对文章的完整理解。具体来说，学生需要做到以下几点：（1）对文章（或图表）信息进行对比、比较；（2）将文章（或图表）中的相关信息联系起来；（3）推断文章作者的写作意图；（4）列举有关证据。

4. 反思、评价文章内容

反思、评价文章内容要求学生通过提取已经掌握的知识，来增进自己对文章更深层次的理解，进而通过相关依据来发表自己对文章观点的评价。

5.反思、评价文章表达形式

反思、评价文章表达形式要求学生对文章的形式特点（如文章的类型、结构、语言特点等）进行反思与评价，以评鉴文章作者的写作风格和文章语言运用之间的细微差异。

（二）背景知识

背景知识指的是人脑中有利于学习的心理储备，是理解阅读材料的首要条件。如果学生缺乏足够的背景知识，其阅读能力将达不到理解水平，而只能达到知觉水平[①]。下面对背景知识的两个类型（心理词典与图式）以及背景知识的教学进行论述。

1.心理词典

（1）心理词典的内涵

心理词典指的是词的意义在人心理中的表征，其由很多词条组成，而每个词条都包括了与该词条相应的词的写法、读音、意义等。所有学会语言和阅读的人都有一个心理词典。

需要了解的是，每个词条都有不同的阈限，当一个词的激活超过了其阈限时，该词就被认知了。而这里所说的阈限其实就是数值。例如，人的感觉阈限能够表述为，当在 200 克的物体上增加 1 克的重量，人们感觉不到其中的变化，如果再加减 4~5 克，人们就可以感受到重量的变化，那么 4~5 克的数值其实就是重量差别的感觉阈限。

（2）心理词典的差异

学生在阅读过程中对阅读材料的理解，最初是对文字符号的译码，换句话说，就是在心理词典中找到相应的词条，并使其保持激活状态。学生个体的心理词典的差异主要表现为心理词典的容量和译码自动化水平之间的差异。

心理词典容量即人的心理词典中包含的词条信息的容量，如果词条信息提取失败的话，就不能完成译码。而译码自动化决定了译码过程的速度，其对人的阅读思维和阅读水平都有着重要影响。译码自动化的形成主要分为三个阶段：第一

---

① 知觉水平是指人脑对直接作用于感觉器官的事物的整体反应。

阶段为非准确阶段，在这个阶段学生在单词识别方面会出现错误；第二阶段为准确阶段，在这个阶段学生可以正确识别单词，不过需要有意识地提取才能完成；第三阶段为自动化阶段，在这个阶段学生不用特别注意就可以自动识别单词。

一般来说，一个阅读能力强的人，其译码的自动化程度往往也比较高，即这个人可以迅速识别单词，如果一个人的阅读能力弱，即译码自动化程度低，那么其对词、句的加工时间就长，进而也会阻碍其对阅读材料的整体理解和把握。这是因为，人是通过短时记忆和工作记忆来完成对信息的加工的，在对不同的信息单元进行加工时，人们要将一定的心理资源（即心理容量）分配给该单元。但一个人的心理资源是有限的，如果一个人在阅读的过程中将大量时间花费在词的译码上，那么其所需的心理资源就会越多，而用于加工和整合其他信息的心理资源则会相应减少。由此可见，译码不畅会对阅读的信息加工与信息整合过程造成不利影响。

事实上，阅读教学最理想的状态就是，学生的心理词典中包含相关词的词条信息，且他们在提取这些词的过程中可以达到自动化的程度。这样的话，在学生接触到文字符号刺激的一瞬间，存储在其心理词典中的有关该词条的信息就能立刻被激活并得到运用。同时，学生的心理资源足够充分，就可以将词条的信息与其他信息整合起来，这对学生的阅读理解极为有利。

2. 图式

图式是学生阅读背景知识中最关键的部分，指的是人脑中有关普通事件、情境、客体的一般知识，它是一种有组织的知识结构。下面介绍图式与阅读理解、图式与推论、图式的差异等方面的内容。

（1）图式与阅读理解

学生对阅读材料的理解，其实就是先在头脑中发现合适的图式，再利用这些图式对阅读材料进行解释的过程。以阅读议论文为例，学生运用论点、论据、论证过程等议论文的图式来阅读文章的观点、论证过程等，这样学生就更易于理解文章的内容。如果是一名不知道议论文文体的小学生，其只能以记叙文的图式来阅读议论文，那么这名小学生就难以理解作者的真实表达意图。

按照图式理论分析，导致学生阅读理解失败的原因主要有三个（如图 6-2-2 所示）。

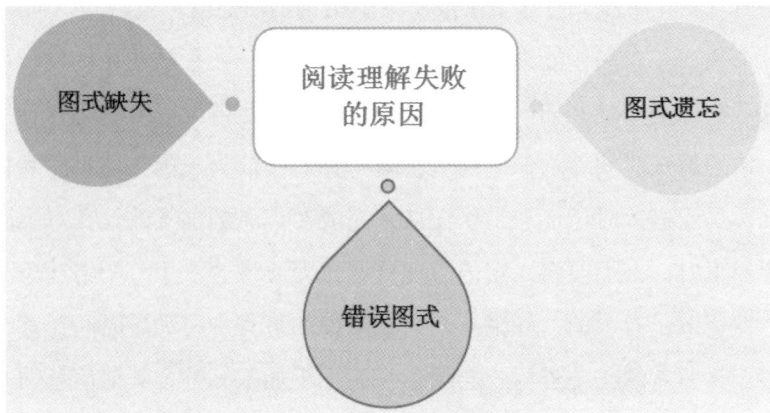

图 6-2-2　阅读理解失败的原因

具体来说，图式缺失指的是学生不具备相应的、适用于该阅读材料的图式；图式遗忘指的是尽管学生具备适合该阅读材料的图式，但阅读材料中提供的线索无法激活已有的图式，从而造成学生理解困难；错误图式指的是学生用已有图式为阅读材料提供的一种解释，不过学生的这种理解并非作者想要传达的，因此是一种错误的理解。

（2）图式与推论

图式对阅读理解以及阅读中的推理与学习都起着十分重要的作用。阅读理解其实可以理解为以合适的图式去解释阅读材料的过程。由于图式中有很多变量，且变量之间存在一定的约束关系，因此在阅读理解的过程中，一旦确定了某个图式，学生就能从中获取很多阅读材料中不具备的信息，即通过图式推论出很多信息。

总体而言，通过选择合适的图式并加以运用，然后根据图式中各变量之间的相互制约关系，推论出更多有用的信息，这将大大提高学生的推理能力和阅读水平。

（3）图式的差异

研究表明，学生针对阅读材料选择的图式不同，会影响到学生对阅读材料学习策略的选择。具体来说，图式的差异主要表现在图式启动的差异、图式运用过程的差异和图式选择的差异。

3. 背景知识的教学

阅读教学需要不断丰富学生各个方面的知识，这样学生才能将头脑中已有的知识与文章所提供的信息联系起来，从而对阅读材料有更深入的理解。这里提到的"已有的知识"指的是学生所拥有的背景知识。从狭义的范畴来说，背景知识主要包括以下内容：（1）文言文与现代白话文字、词、句等认知的积累；（2）篇章句段背诵的积累；（3）问题知识、文化常识、文章学知识的积累；（4）作家、文学史知识、文化史知识、作品知识的积累；（5）语法、修辞知识的积累；（6）写作知识的积累。

背景知识的具体教学，一方面要加强对学生字词量的扩充和译码自动化训练，如集中识字、注音识字、识写分流等，提高学生对所学词汇的熟悉性和译码速度，进而有效提高学生的阅读理解能力；另一方面要增加阅读量训练，通过大量阅读来丰富学生的图式，并使其精确化，进而增加学生的词汇量、提高学生的阅读水平。

二、阅读教学的心理过程

阅读，是一项人的心智活动，注定了与心理学有不可分割的联系。阅读的本质是从已有的书面信息符号中提取意义，阅读过程就是这提取意义的心智活动的展开顺序。阅读教学过程，是教师指导学生从书面信息符号中提取意义的展开顺序。可见，阅读、阅读过程、阅读教学过程，这三者之间有其相通的地方，也有其不同之处。比如，从阅读主体来看，阅读教学的主体就包括学生和教师，这与单一的阅读主体是不一样的。阅读教学的心理过程，是从心理学的角度来认识和研究阅读教学，展开阅读教学这项心智活动的顺序。

阅读过程的内潜性使人们很难从外部观测到读者无声视读的过程，甚至读者自己也没有觉察其活动状况。但是，从心理科学来考察，分析阅读过程的多种心理因素及不同侧面，它是一个对读物的感知—联想想象—思维—记忆—迁移的心理过程。从行为科学来考察，抓住阅读表露在外的有形可考的行为与活动，阅读过程又是一个对读物认读—理解—评价—积累—运用的知和行的过程。把两者整合起来，阅读过程大体分为前后相连、相对独立、逐步深化、互相影响的五个阶段：认读——感知阶段，理解——联想阶段，评价——思维阶段，积累——记忆阶段，运用——迁移阶段。起点在知，终点在行，这是一个由低级到高级、由量变到质变的过程。依此，阅读教学过程可相应分为四个阶段：感知阶段，解读阶段，品读阶段，习读阶段。阅读教学的心理过程就据此展开。

（一）激发心理动力

阅读，需要心理动力，没有动力书就读不进去，即使硬性强读，也是"小和尚念经——有口无心"。对于读书没有动力的人，过去曾有一首打油诗讽刺他们："春天不是读书天，夏日炎炎正好眠，秋有蚊虫冬有雪，收拾书斋好过年。"在他们的心目中，一年四季都不是读书的时光，苦楚多多，因而就不读书了。相反，心理动力强，善于把握和运用时间，那么一年四季则都是读书的好光阴，"一寸光阴一寸金，寸金难买寸光阴"。

激发学生心理动力，使其具有良好的阅读期盼，进入最佳的准备状态，主要要做好三件事：

一是创设良好的阅读氛围，使学生有良好的阅读心境，做到"静、净、竞"。良好的阅读氛围，指学生阅读时所处的环境，教室安静，光线充足。静，就能带给人安静的心绪、平和的心理，思想就特别容易集中。

二是了解学生原认知结构中已有的知识和方法，与现在即将阅读的课文的相关内容沟通起来。任何教学都是从已知开始的，教学的立足点是在学生已知的基础上向前开拓，而不是突如其来的把新知识硬塞给学生。美国著名教育心理学家奥苏伯尔（D.P.Ausubel）在他的著作《教育心理学·认知观》（1978年版）的扉页上写道："假如我把全部教育心理学仅仅归纳为一条原理的话，那么，我将一言以蔽之，影响学习的唯一最重要的因素就是学生已经知道了什么，要探明这一点，并应据此进行教学。"所以，阅读教学就是"以其所知，喻其不知，使其知之"，阅读教学的准备状态就应该"知其所知"，从学生的"所知"开始教学。

认知结构，是现代认知心理学研究的成果：每个人的头脑里都有一个在后天学习中积累起来的知识结构。广义来看，是人所具备的全部观念的内容和组织；

狭义来看，是人在某一特殊的知识领域内的观念的内容和组织。就中学生来说，他已有十五六年的生活经历和人生体验，他在小学和中学已经学习了语文、数学、外语、生物、历史、地理、政治、体育、音乐、物理、化学等学科的知识，他的头脑中已有这些知识的积累。从语文学习来说，单就阅读而言，也积累了不少知识。在阅读新课文前，教师就应该知道学生这方面的知识，并给学生挑明，以求与新课文学习连接起来。

三是揭示新课文学习的潜在意义：或是本课学习的作用，揭示在语文学习链条上的地位；或是本课学习的新意，提出对学生知识、能力、情操等方面的新影响；等等。

这三件事常常是综合在一起进行，教师在操作上运用课堂前开讲的几分钟，设计种种开课语，如释题式、介绍式、活动式、演练式、比较式、悬念式、激情式、故事式、新旧联系式等，以内容的新、奇，形式的鲜活，语言的精美，给学生良好的阅读期待，使其全身心进入新课学习的准备状态。

（二）组织语言转换

言语是一种心理现象，是人们借语言实现的一种交际形式。言语行为是指人们说话的行为，言语作品是指说出来的话或写出来的东西。言语分外部言语（听、说、读、写）和内部言语（指思维活动、言语指令）两种。阅读的读物是作者的言语作品，形之于外部言语。作者的言语作品经历了由外而内，再到外的过程。生活是作者写作的唯一源泉。在生活的经历中，作者有了种种体验，逐步形成了自己的"意"，用内部言语把"意"存储起来。写作时，为了用言语把心中的"意"表达出来，作者不断克服"言不尽意""词不达意""文不达意""意不称物"等"语言痛苦"的现象，呕心沥血地把内部言语转化为外部言语写出来，予以物化定型，这就是我们的读物。作者在完成由内部言语转换成外部言语的过程中，要经历一番痛苦的"语言的历险"，其艰辛是可想而知的。大千世界纷繁复杂，丰富多彩，然而人的见闻、认识总是有限的，仅就人们所掌握的词语来说就相当有限。

（三）建构文本意义

在组织学生完成语言转换后，阅读教学在感知认读课文的基础上进入解读阶段。即是说，教师要指导学生读懂课文、理解课文。

现代阅读学认为，阅读是一种基本的智力活动，理解是阅读智力活动的核心。所谓理解，就是从读物中抽取意义的心理过程，或者说是从读物中抽取意义的结果。

对"理解"有不同的理解：一般的看法是，理解分两种，叫初级理解、高级理解，或一般理解、二级理解，或浅层理解、深层理解；特殊的看法是，理解没有什么高低、深浅之分。

建构文本意义，对当前语文课的阅读教学提出了新的挑战。教师要有新的阅读教学理念，在指导学生对课文进行初级理解的基础上，引导学生积极投入建构文本意义的活动中。师生是接受作品的双主体，把作品的不确定性和空白结构按自己的认识组织起来，建立学生和作品的"对话"关系，让沉默的作者说话，反思观照自我，以意逆志，使他们和作者产生交流，揭开理解的神秘面纱，从而得出作品的意义。但是，建构文本意义，必须言之有理、言必有据，且能自圆其说，否则那建构的文本意义就成了奇谈怪论，堕入唯心的泥潭了。

（四）强化理解智能

阅读教学中，为了纠正学生阅读浮光掠影、浅尝辄止的不良学风，克服懒读、疏读、漫读、怯读、死读等阅读障碍，避免"阅读低能"和"阅读无效"的现象，提高阅读效率，必须强化阅读中理解智能的训练。

理解是阅读的重要指标，是检验阅读效果的重要尺度。阅读的内隐性使人无法知道理解的具体情况。俗话说，"人心隔肚皮"，谁知他心里想的什么呢？理解是一项复杂的心智活动，从外表很难知道一个人的理解状况。为了把头脑的理解智能外在化，不少教育心理学者、阅读学研究者进行了许多研究，从理论上探讨，从实践上总结，提出了许多科学的识见，但仅出发于阅读提取意义观念和内化程度。阅读理解的有效指标，反映在共同的心理形式上，大体有如下一些基本做法：

第一，据言会意。古人云："读者，抽也，抽释其意蕴至于无穷。"阅读，就是把书面语言的意义抽取出来，对字、词、句、段、篇的意义阐释。训练时，可以解释词语，理解词语在上下文中的含义和作用，关联词语的运用，词语的搭配和选择，找出关键语句，感受课文的语言所表达的思想感情，抓住一段文字的中心，看出课文各段之间的联系，理解课文的思路和写作特点，等等，令学生在练习中领悟其义，达于理解。

第二，意义简化。在阅读中，对获得的意义予以简化，令学生由博返约，由厚到薄，尽可能使其意义浓缩、概括，用尽可能少的文字包含尽可能多的信息量。例如，指导学生编提纲、摘要点、列小标题，概括课文的中心意思和写作特点。"多则惑，少则得。"少而精的信息量也便于记忆，减轻学生脑力劳动的负担。

第三，意义深化。引导学生在阅读中，不光能抽取言语的表层意义，还能提取言语的深层意义，特别是能够剥离其现象，而抽取其本质意义。例如，人物形象的分析，认识其性格特征的意义；典型环境的分析，揭示其特殊的社会意义；情节发展的分析，认识其发展的必然性；记叙文中事件的分析，明白其记事为记人服务的意义；议论文观点的分析，领悟其辩证说理的意义；等等。理解的深化，就意味着阅读所得的升华。

第四，意义的系统化。理解就是联系。在阅读中引导学生对读物进行纵横联系，使其阅读思维条理化，形成知识联结的清晰的线索。注重运用对比、类比、因果、条件等关系，建立起逻辑联系，

将阅读所得的意义、观念等，在原有的知识结构中找到相应的位置，便于学生归档储存。例如，学生学的"这一课"和"这一类课文"的关系，"这一课"和教学单元中其他课文的关系，促其认识个性和共性；学生学的某一知识点与整体知识的关系，明确告诉学生已经学了多少，还有多少没有学习，减少无效劳动。

第五，意义的言语化。把阅读所得的意义用自己的言语表达出来，这是对阅读理解效果的最好的检验。从学生的言语表达，既可以看出学生阅读理解的正确与错误，也可以看出阅读理解的水平或层次。在阅读中，言语的作用是很重要的：作者的言语给读者的阅读指路，提供认识事理的信息；读者凭借自己的言语固定自己从读物中获取的意义，将自己的理解成果物化定型。反之，不能用自己的言语清晰、准确地表达自己的阅读理解，只能说明自己的阅读理解模糊、游移、朦胧、拿不定主意。因此，阅读理解的一个重要的检测标准，就是用自己的语言把阅读所得表述出来，在表述中确认自己的理解状态，证实自己把读物消化吸收了。

意义的言语化，既可口头表述，也可笔头表述。口头表述的有复述，口头分析，回答问题、归纳中心意思、写作特点、讲述阅读心得体会等，笔头表述的可把口头表述内容换成笔述，此外还有述评、批注、写读书笔记等。

阅读是一项心智活动，在强化阅读理解时，可进行分析—综合，抽象—概括，归纳—演绎，比较—分类，具体—系统等心智技能的训练，以眼前的读物为例子，或分析其内容，或综合其主旨，或抽象其本质，或概括出要点，或归纳其精髓，或演绎其事理，或进行多方比较，或按不同条件分类，或将抽象的内容具体化，或将多种材料组成系统，等等，达到理解其意义的目的。

三、阅读过程模式

依据信息加工的观点与方法，阅读心理学家开展了对整个阅读过程的研究，并提出了多种理论模式。下面介绍几种比较有代表性的阅读过程模式。

（一）自下而上模式

自下而上模式是由拉伯格与萨姆尔提出的，其也被称作材料驱动模型。拉伯格与萨姆尔认为，阅读理解过程是一个从低级到高级的信息处理过程。下面对自下而上模式的特点及不足之处进行分析。

1. 模式特点

自下而上模式与汉字的初始阅读经验相符，都是将字组成词，再将词组合成句子，进而理解内容的。在该模式中，学生对词义的理解和对句式的掌握都是至关重要的，而学生已有的知识经验也发挥着十分重要的作用。

1986 年，高夫对该模式进行了完整、系统的阐释，他认为阅读理解过程是从字、词的解码到获取意义的整个心理过程，而该过程可分为以下五个阶段，如图6-2-3 所示。

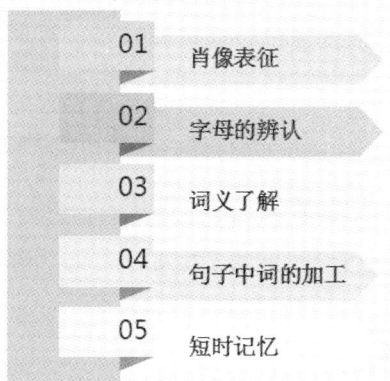

图 6-2-3　阅读理解过程的五个阶段

该模式在 20 世纪 80 年代前后十分流行，对西方阅读学习产生了很大的影响。我国的语文教材按照笔画偏旁、字、词、句、段、篇的顺序编写，也体现出了该模式的思想。

2. 模式不足

虽然自下而上模式可以揭示阅读理解阶段的一些现象，但其无法解释阅读过程中所有信息之间的相互作用。读者在阅读的过程中如果遇到多义字，就需要联系上下文选出最恰当的字义。

事实上，阅读心理加工的信息，既包括学生阅读材料的感觉信息，也包括学生已掌握的知识经验提供的非感觉信息。该模式强调的是自下而上的加工，即由低一级的信息输入，转为高一级的水平，然后在高一级水平上进一步进行加工，在此过程中，高、低层次信息之间的加工缺乏相互影响。总体而言，在自下而上模式中，信息的传递只有一个方向，即字母—单词—句子—意义，且高一级信息的加工无法影响低一级信息的加工。该模式其实是对早期信息加工线性模式对阅读的影响的研究。

（二）自上而下模式

自上而下模式是在 1976 年由古德曼提出的，其与自下而上模式相反，被称作观念驱动模式。

1. 模式特点

古德曼认为，阅读属于一种心理语言学的猜测游戏，是思想与语言的相互作用，是对下一步信息进行预测并对其进行确定或否定的过程。他发现学生在阅读的同时进行理解时，有时会读出不同于原文文字的读音，而他认为这种情况并不是学生的视觉扫描出现了问题，而是学生运用自己的智慧去理解文字的结果。

古德曼提出，自上而下模式就是学生在阅读的过程中，通过所读文章的部分文字材料及其自己头脑中储存的知识，来对所读内容进行预测，然后通过阅读来验证自己的预想是否正确。其十分强调读者已经拥有的经验和理解的作用以及读者的主观能动性。该模式可以用以下循环过程表示：

取样→预期→检验→证实

自上而下模式对西方阅读教学产生了很大的影响，但完全用自上而下模式来解释阅读理解过程也具有一定的局限性。

2. 模式不足

自上而下模式的不足之处在于，在阅读教学中忽视了低级加工水平的重要性，如忽视了基本知识及字、词的认知加工作用，这会对学生阅读技能的形成造成负面影响。此外，该模式还轻视认字能力的重要性，认为如果有不认识的字，学生可以通过图式的运作来弥补理解上的漏洞。总之，自上而下模式无法解释当读者因为缺乏必要的背景知识而无法形成假设来理解文章时，读者的阅读心理活动是怎样进行的。

（三）相互作用模式

1. 模式特点

在实践中，对于一个具有一定阅读能力的人而言，其在阅读一篇文章时，最初因为对阅读材料不太了解或阅读材料难度较大时，往往会采用自下而上的模式，而当其读到后面时，由于对阅读材料的内容已经比较熟悉，其大概率会选择自上而下的模式。而相互作用模式则认为，阅读理解的心理过程并非单纯的自下而上的过程或是自上而下的过程。简单来说，就是读者在阅读的过程中要同时采用自下而上模式和自上而下模式。

相互作用模式强调各种层次理解上的缺陷是能够相互填补的。如果一名读者的认字能力不强，其对文章存在一定的理解，那么自上而下模式有利于帮助其理解文章；如果读者的知识储备不足，其认字能力只能使其采用自下而上模式来理解文章的内容。

2. 模式不足

相互作用模式人为地将文本和读者当时的环境、情感因素分隔开。该模式不能解释为何同一个读者读同一篇作品，会因为所处的空间、时间、场景不同而产生完全不同的感受与体验。

（四）交易阅读模式

交易阅读模式是罗森布拉特于 20 世纪 70 年代末提出的。该模式强调在阅读的环境中，读者和文本是产生阅读理解的潜在力量而非物体，读者不再只是单纯地追求作者在文章中所表达的意思，而是创造性地理解作者所表达的深意。由于不同读者所掌握的知识经验是不同的，且他们在阅读时所处的环境与内心情结也有所不同，因此，不同的读者会对同一篇文章产生不同的理解。

罗森布拉特认为，一名读者在阅读一篇文章时，其自身的经历与体验，其所处的人生阶段、情境、时刻，以及其阅读该文章时的心境，都会对其阅读理解程度产生影响。当阅读材料、阅读情境、阅读者的心境基本保持一致时，此时的阅读理解效果往往会比较好。

交易阅读模式强调外界阅读情境与阅读者自身阅读心境的和谐、协调，其认为，阅读的过程既是机械的知觉过程，也是阅读者的情感与认知过程。

第三节　写作心理与写作教学

写作是一项复杂的智慧技能，是通过书面语言表达观念的过程，其能够更充分地表达交际内容。本节首先对写作的认知模型进行介绍，然后对写作的教学流派进行比较分析，最后对基于过程的写作教学进行论述。

一、写作的认知模型

有一些西方写作心理学家研究了作者（包括初学者、普通作者和名家）的实际写作过程，还有心理学家将写作活动看作解决问题的信息加工过程。下面介绍几种写作的认知模型。

（一）弗劳尔—海斯的写作认知模型

写作认知模型强调写作过程中应用的程序，而非作品本身。该模型将写作设想成一系列的思维过程，作者在此过程中组织自己的思想，然后构成篇章。该模型认为，写作就是作者先确定一个问题空间，之后围绕该问题的心理表征进行运行，最后达成目标的过程。该过程由三部分构成，分别为任务环境、长时记忆和工作记忆，每一部分还包括若干内容，具体如图 6-3-1 所示。

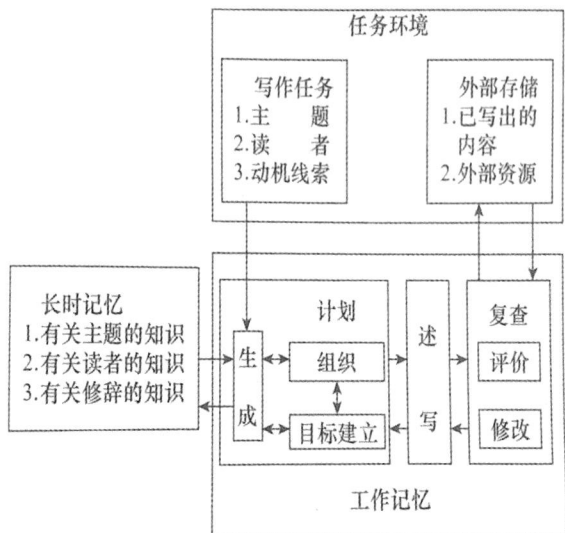

图 6-3-1　弗劳尔—海斯的写作认知模型

下面将对任务环境、长时记忆、工作记忆三部分内容进行阐述。

1. 任务环境

任务环境主要包括两部分：一是作者的写作任务，主要包括写作主题、写作动机等；二是可供作者利用的外部资料，由于这些外部资料（如作文参考书、文摘卡等）保存于作者头脑之外，因此其又被称作"外部存储"。

2. 长时记忆

认知心理学家认为，知识在人脑中的存储方式主要包括长时记忆与短时记忆两种。其中，长时记忆指的是能够保留一分钟以上甚至是终生的记忆，短时记忆指的是保留在一分钟以内的记忆。

弗劳尔与海斯认为，与写作相关的三类知识（关于主题的知识、关于修辞的知识、关于读者的知识）存储在长时记忆中，而长时记忆中的知识对作品的优劣有着十分重要的影响。如果作者掌握了极为丰富的关于主题、读者、修辞等方面的知识，那么作者提取、生成观念的速度就会很快，其所写出的作文的中心思想会更明确，语句会更连贯，语言表达也更优美。

3. 工作记忆

弗劳尔与海斯认为，作者的工作记忆包括以下三个过程。

（1）计划

计划是述与写之间要做的准备工作，其主要包括三个阶段：第一阶段是建立目标，即作者对自己提出写作要求或制订计划，同时通过自我引导来执行计划；第二阶段是生成，即作者头脑中形成的写作时将会使用的观念与内容；第三阶段是组织，即对提取的观点与内容的布局，进而确定如何将这些信息表达出来。

需要注意的是，这三个部分并非一次性完成的，而是在写作的整个过程中不断反复地相互作用。

（2）述写

弗劳尔与海斯认为，作者工作记忆的第二个阶段述写，就是将其观念转化为书面文字的过程。述写始于对写作任务的心理表征，这些表征可能只是一个观念，也可能是一个或一系列的目标以及达到该目标的计划。述写的结果就是最终成形的文章。

述写对作者的工作记忆容量提出了很高的要求。作者通常需要在记忆中激活写作目标和写作计划，进而形成一些关于文章内容的观念，并回忆之前已经写出的内容等。如果作者在标点、语法等方面的技能能够实现自动化或接近自动化，那么作者工作记忆的负担就能大幅度减少，这样作者就能将更多的记忆空间用于"计划""复查"等活动。

（3）复查

复查就是将写好的文章与心中的标准进行比较，然后做一些必要的修改的过程。复查包括评价与修改两个方面，其大多是在文章完成之后进行，不过有时也会发生在写作的过程中。

弗劳尔与海斯认为，工作记忆是一个动态的过程，存储的是完成某项工作的程序性知识，这些程序性知识可能无法用语言描述出来，其从计划到述写再到复查并非一次性完成的，而是在复杂的相互作用中完成的。因此，该模型的三个加工过程都需要认知监控的参与和调节。

弗劳尔—海斯的写作认知模型的研究对象是成人高水平作者，这一研究成果被视作写作心理认知研究发展史上的一个标志性事件，并对之后的研究产生了深远的影响。

（二）伯瑞特—斯卡达玛利亚的知识表述模式

写作的知识表述模式是由伯瑞特与斯卡达玛利亚提出的，该模式以儿童（新手）的写作过程为研究对象。伯瑞特—斯卡达玛利亚的知识表述模式，如图 6-3-2 所示。

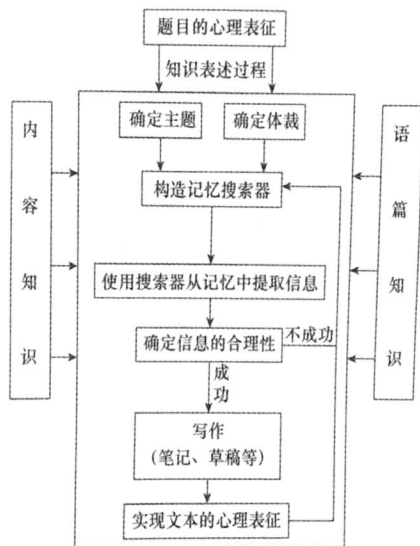

图 6-3-2　伯瑞特—斯卡达玛利亚的知识表述模式

该模型描述的儿童写作过程为：作者按照题目要求，主动从记忆中搜寻和提取与文章主题和体裁相关的知识信息，在确认知识信息的合理性以后，再对这些知识信息进行合理组织，最后将组织好的知识以书面语言表达出来。

另外，该模型假设儿童有内容知识与语篇知识这两个独立的知识来源，这两个知识来源通过交互作用对儿童产生影响。该模型认为，儿童写作活动更注重述写过程，即将观念转换为书面语言文字的过程，而对计划与复查则不太重视。

（三）鲁利亚的写作心理转换理论

20世纪70年代，鲁利亚提出了"内部言语"的概念，对人脑中言语的形成和语言感知的具体过程产生了重要影响。

下面对内部言语和写作心理转换理论进行介绍。

1. 内部言语

鲁利亚认为，内部言语是介于主观心理意识与外部言语表现之间的中间环节，是将人的心理内部的主观意蕴转化为外部的扩展性言语的一种机制。其虽然没有完整的语法形态，但却拥有强大的生成活力，其有两个突出特点，一是形态上的凝缩性，二是功能上的述谓性。

鲁利亚认为，言语（包括内部言语）不只是思想的表现形式与物质外壳，也是思想的生成方式与操作手段。严格意义上来讲，这里提到的"思想"，并不仅仅是一种抽象的观念，更是一种活动着的意识状态。

鲁利亚提出从内心意蕴到外部言语的基本过程，如图6-3-3所示。

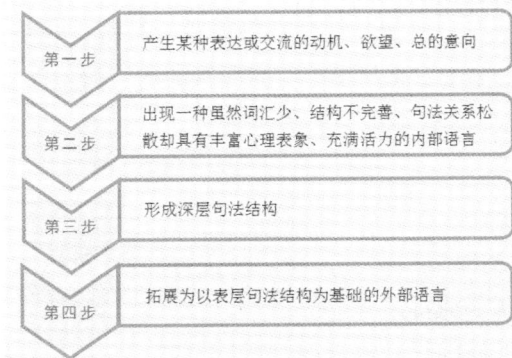

第一步	产生某种表达或交流的动机、欲望、总的意向
第二步	出现一种虽然词汇少、结构不完善、句法关系松散却具有丰富心理表象、充满活力的内部语言
第三步	形成深层句法结构
第四步	拓展为以表层句法结构为基础的外部语言

图6-3-3　从内心意蕴到外部言语的基本过程

2. 写作心理转换理论

写作心理转换理论认为，作文就是学生将思维活动转变成语言表达的心理过程。在该过程中，思维与表达是十分重要的两个因素，而另一个总被人们忽视的重要因素就是转换。学生作文水平很难提升、作文训练很难有成效的主要原因之一就是忽视作文进程中的心理转换过程。关于转换有以下两种观点。

（1）一级转换理论

一级转换理论认为，作文这一心理过程经历了一个从思维到表达的转换。该理论的局限在于，研究者虽然发现了思维和表达之间的区别，认识到它们之间存在转换的问题，不过他们觉得从思维到表达的转换就是把思维结果直接转换为言语形式表达出来，但对于这一转换具体是如何进行的，却没有实质性解答。

（2）二级转换理论

二级转换理论主要包括科瓦廖夫的三个阶段说和鲁利亚的两次转换论。

科瓦廖夫的三个阶段说将创作过程分为三个阶段，如图 6-3-4 所示。

图 6-3-4　科瓦廖夫的三个阶段说

鲁利亚的两次转换论是基于写作过程双重变换特性的理论提出的。他认为，在写作的过程中，作者要想顺利将思维转换成"扩展性话语"，至少需要在思维内部进行两次转换，第一次是从思维向内部言语的转换，第二次是从内部言语向外部言语的转换。其基本框架大致如下：

$$ 思维 \xrightarrow{\ 一级转换\ } 内部言语 \xrightarrow{\ 二级转换\ } 表达 $$

二、写作的教学流派

写作教学重点关注的是学生的写作结果——文章，其也是写作教学的目的与评价的对象。以教学目标为分类标准，国际写作教学主要经历了关注结果、关注过程、关注语境三个发展阶段。相对应地，也形成了三大写作教学流派，分别为文章写作教学流派、过程写作教学流派、交际语境写作教学流派。

这三大写作教学流派在研究视域的关注点、课堂教学实施、理论依据等方面都存在较大差别。由于交际语境写作教学流派还不成熟，因此，下面只对文章写作教学流派和过程写作教学流派进行比较分析，如表 6-3-1 所示。

表 6-3-1　文章写作教学流派和过程写作教学流派的比较

教学流派 比较项目	文章写作教学流派	过程写作教学流派
价值取向	一篇合格的文章	学生参与写作的过程
学习观	基于行为主义学习观： 学生学习写作是在刺激和反应之间建立联系的过程，也是由多种简单行为构成的复杂行为	基于构建主义学习观： 学生学习写作是主动建构写作知识的过程，其强调学习的主观性、情境性与社会性
教学预设	①学生学会写作需要经过反复的训练 ②教师是在学习过程中实施奖惩的人	①每一名学生都有着丰富的个人生活经验，如果给他们机会让他们将自己的经历写下来，他们会有很多话题可写 ②教师是指导学生完成写作任务的人
教学关注点	①理解导向（注重写作知识的讲解） ②技能导向（鼓励学生多写、多练，以提高写作技能）	实践导向（关注学生在写作不同阶段的行为实践，使他们经历写作过程）
教与学的行为	教师传授写作知识，学生反复练习	教师鼓励并指导学生合作学习、有效参与
优势	有利于学生对写作概念、规则的理解和对写作知识的记忆	有利于学生参加写作实践活动、掌握写作知识与写作方法的运用

三、基于过程的写作教学

写作教学具有科学性，其主要体现在对学生书面语言表达规律的深层次认识以及在认识的基础上对写作教学方法的创新。

（一）美国过程写作法的原理和实践

过程写作法在美国的中小学写作教学中十分流行，其属于过程写作教学流派，其关注不同写作活动所涉及的过程步骤，包括为读者写计划、编辑、发表等。

1. 关注写作活动的五个阶段

美国过程写作法提出重视学生写作活动的五个阶段（图 6-3-5），提倡教师的全程指导，并对学生的写作行为进行管理。

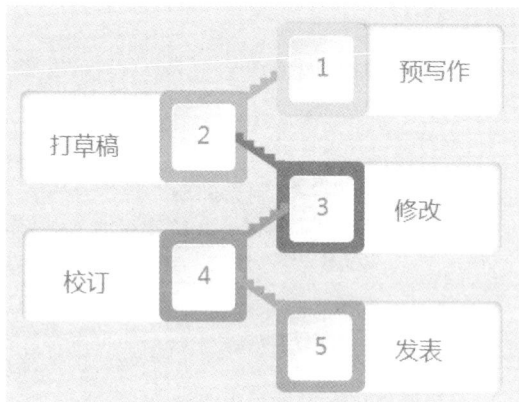

图 6-3-5　写作活动的五个阶段

2. 借助写作清单

写作清单是指按照清单的方式，对写作内容、写作策略、表达方法等作文要求进行有序排列，以供学生在写作全程中进行自检或互评，它是教师管理学生写作行为的重要媒介。

在作文课上，教师借助写作清单将写作知识罗列出来，并指导学生运用写作知识进行写作。一般来说，教师在预写作阶段活动结束时将写作清单发给学生，使写作清单贯穿于学生写作活动的整个过程；而在打草稿阶段则可以参照写作清单的要求进行；在修改阶段，写作清单是评价、修正作文的标准；在校订阶段，学生按照写作清单进行自我、同伴校对，直到分享给同学可以"发表"的作文。

3. 运用同伴与小组合作策略

在修改与校订阶段，过程写作法常常采用同伴与小组合作学习策略。教师创设该合作学习策略，是为了帮助、支持、促进每一名学生建构与生成写作知识，学生之间是对话、合作、交流的写作共同体。举例来说，当学生初稿完成以后，就可以进入合作学习小组，每一名学生将自己所写的作文朗读出来，然后组员给出各自的反馈建议，由此来确定自己需要修改的内容。合作学习小组的成员需要根据作者想要表达的主题思想发表自己的意见，对于错别字、格式等技术性细节不用过多关注。

下面具体列举小组合作学习对作者与组员各自的要求。

在小组合作学习中，作者要做到以下几点：（1）确定自己想要得到的帮助，并告知小组其他组员；（2）将自己的作文朗读出来，可要求组员复述作文；（3）向组员询问自己需要细化的内容；（4）提出自己的疑惑，并请组员提出建议。

作为组员则需要做到以下几点：（1）认真倾听作者的朗读；（2）对于作者提出的问题做出反应，并为其提供帮助；（3）表明自己喜欢文中的哪些词句与内容；（4）告诉作者文中写得不太清楚的地方，并给出修改意见。

（二）美国过程写作法的实践启示

过程写作教学流派是对学生及其动态写作行为的研究。美国过程写作法的创新点在于，将二次转换理论提到的学生"悄然无声"的思维全程，分割为外显的、可管理的阶段性学习行为；而写作活动的五个阶段打破了教师无法监控学生写作的桎梏。过程写作教学方法的核心技术就是写作清单、合作学习策略。

有关研究表明，正如学生写作文一样，过程写作法的五个阶段是能够合并与重复的，它是一个循环反复的过程。

第四节　听说心理与口语交际教学研究

听与说是口头语言的两种表现形式，随着信息技术的发展，过去通过书面文字传递信息的方式已经转变为微信语音、QQ 视频等简便、高效的交流方式，口语交际能力已经逐渐成为当今社会人类生存与发展的基本技能。本节将对听说心理与口语交际教学的相关内容进行论述。

一、听、说的心理过程

听话、说话都是从心理语言学的角度提出的概念。下面将分别对听话的心理过程和说话的心理过程进行介绍。

（一）听话的心理过程

按照现代认知心理学的研究，说话人通过声波的形式将语言传给听话人，当听话人的听觉器官接受了说话人发出的声音信号后，这些声音信号就会在大脑内经过译码加工变为语言句子，听话人通过综合分析，理解其意思。下面首先论述听话的过程，然后对凯恩斯的模式进行介绍，最后具体分析听话能力的差异。

1. 听话的过程

听话的过程分为三个阶段，具体如图 6-4-1 所示。

图 6-4-1　听话的过程

其中，言语知觉阶段就是对听到的口头信息进行最初的编码，简单来说就是对句子声音模式的分析；语法分析阶段则是将信息中的词语转换为其所表示的意思连贯的心理再现，简单来说就是以句子的表面结构为线索，来确定句子的意思；利用阶段是听话者将在语法分析阶段得出的信息进行心理再现，并付诸实践。

2. 凯恩斯的模式

凯恩斯等人将听话理解句子的主要过程用如图 6-4-2 所示的模式进行说明。在该模式中，听话理解句子主要经过三个阶段：第一阶段是听觉信号经过语言知觉系统的分析，知觉到一串讲话的声音，该阶段是对语音的感知与辨析；第二阶段是对这一串声音进行句法分析，通过记忆搜寻每个词的意思，再经过句法加工辨明词义之间的联系，最终得到句子或分句的意思，该阶段是对表达意义的分析与领会，也叫作言语的理解或译码；第三阶段是言语信息被大脑理解之后储存在记忆中，该阶段也叫作言语的储存。

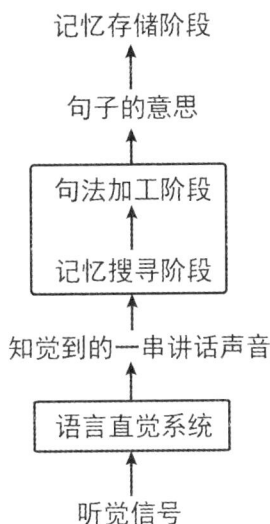

记忆存储阶段

↑

句子的意思

↑

句法加工阶段

↑

记忆搜寻阶段

↑

知觉到的一串讲话声音

↑

语言直觉系统

↑

听觉信号

图 6-4-2 听话理解句子的主要过程

3. 听话能力的差异

听话能力主要是指由言语语音的感知、思维、辨析等心理过程构成的一种接收语言的能力。听话心理过程表明，学生听话能力之间的差异主要是在语法分析阶段（第二阶段）。具体来说，学生听话能力的差异主要体现在以下几个方面。

（1）注意力

由于有声语言停留的时间非常短，可以说是转瞬即逝，因此，听话人必须做到注意力高度集中。听话人的注意力主要体现在以下三个方面：①敏感性，指听话时从生理、心理上对说话人语言做出的快速反应，听话人的敏感性越强，其注意力就越集中，而注意力越集中，其敏感性也会越强；②专注性，指听话人的心理活动高度集中在对方的话语上；③持续性，指听话的敏感性、专注性要始终贯穿于听话的整个过程中。

（2）感知力

听话人在听话时，要通过自己的听觉器官去感知说话人发出的声音信息，然后经过大脑活动理解语音表达的意义。感知力主要由三部分构成，具体，如图6-4-3所示。

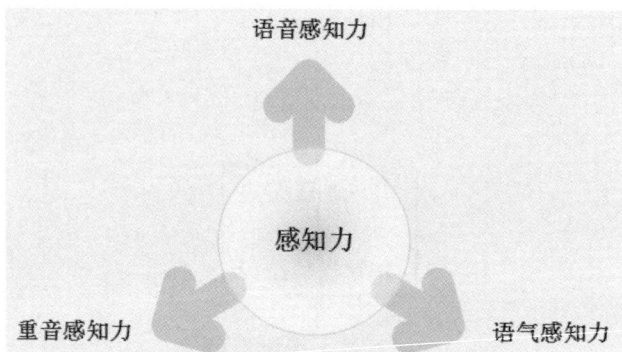

图6-4-3　感知力的构成

（3）理解力

理解力是听话能力的核心要素，是衡量听话能力的基本尺度。理解力可分为以下三部分：①表层意思理解力，即对说话的字面意思的理解力，属于最基本的理解力；②深层意思理解力，指的是言外之意的理解力；③概括能力，即把所听内容归纳起来的能力，其属于全面理解话语意义的能力。

（4）鉴赏力

鉴赏力是指将听到的话语作为鉴别和欣赏对象，判断听到的话语的正误、优劣等并产生相应的情感体验。鉴赏力主要分为两种，一种是内容鉴赏力，另一种是表达艺术鉴赏力（即对说话的语言形式、艺术特色等进行鉴赏）。

（二）说话的心理过程

说话是一种复杂的心理活动，其是人们在大脑左半球（也叫语言半球）前语言中枢的控制下，借助词语并按照一定的句式，将自己的内部言语迅速转换成外部言语的过程。每个人的言语风格是不同的，而处于不同场合或面对不同的说话对象，一个人的言语表达方式也会有所不同。下面首先介绍对说话心理过程的研究，然后再介绍说话能力的差异。

1. 说话心理过程的研究

弗罗姆金、麦克尼拉奇等人将说话的心理过程划分成四个过程和七个阶段，具体，如图 6-4-4 所示。

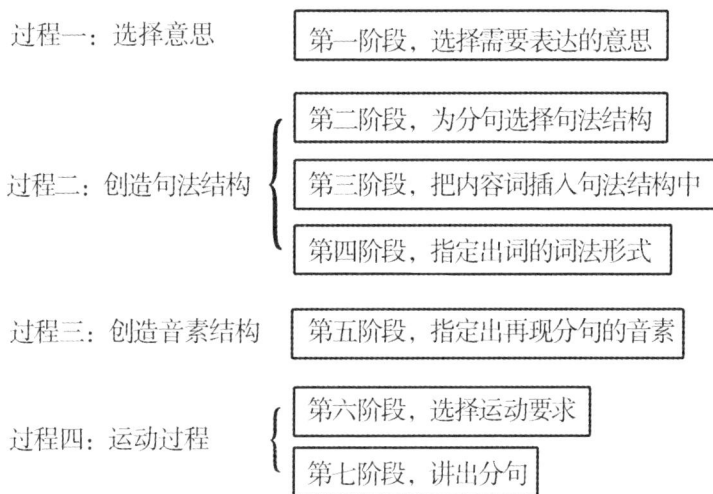

过程一：选择意思　　第一阶段，选择需要表达的意思

过程二：创造句法结构
- 第二阶段，为分句选择句法结构
- 第三阶段，把内容词插入句法结构中
- 第四阶段，指定出词的词法形式

过程三：创造音素结构　　第五阶段，指定出再现分句的音素

过程四：运动过程
- 第六阶段，选择运动要求
- 第七阶段，讲出分句

图 6-4-4　说话心理过程

2. 说话能力的差异

说话能力指的是在思维的调节与控制下，将内部言语流利、有效地转化为外部口头言语的能力。根据有关研究，学生说话能力的差异主要在于创造句法结构和创造因素结构的过程，即第二至第五阶段。具体来说，学生说话能力的差异主要体现在以下三个方面。

（1）组织内部言语的能力

组织内部言语的能力指的是人们对说话的内容、方法、目的等的思考能力，它属于一种思维活动。内部言语越精密，口头表达就越条理清晰、越简洁。内部言语越敏捷，口头表达也会越连贯、越流畅。

（2）快速选词组句的能力

快速选词组句的能力指的是说话人根据自身需要，快速地从自己的记忆库中选词组句，进而依照语法规范进行表达的能力。

（3）运用语言表情达意的能力

运用语言表情达意的能力就是通过语言控制、语调变化、语词轻重来增强表达效果的能力。

总体而言，由于学生的说话能力存在差异，因此教师在进行听说教学时要注意教学的科学性，无论是听说训练的内容还是难易程度，都要有科学的计划，然后在此基础上有意识地进行有针对性的培养，这样才能使学生迅速提高自己的听说水平。

二、听、说的交际训练

（一）听话交际的训练

1. 听话交际的心理因素

听话交际能力是人对有声语言感知和理解的能力。从感知来看，有辨别语音能力、快速抢记能力；从理解来看，有理解语义能力、语感能力等。

（1）辨别语音能力。听话，首先要辨别说话人的语音。《心理学》指出："感知言语的首先条件是分出语音。"[①] 有声语言是语音和意义的结合体，语音是言语的物质外壳，存在的形式，承载语义的载体，语义是言语的内核。要听懂说话内容必须首先辨别语音。听话就是通过对语音的准确辨别来理解语音符号的含义，辨音能力是听的起码的能力。

每一种语言的语音都有自己的结构规则和组合序列，借以与其他语言区别开来。辨音能力，就是要熟悉某种语言的语音规则和组合序列。例如，学习汉语就要懂得标准语音——北京语音，掌握汉语拼音方案、字母表、声母表、韵母表、拼读规则、声调、轻声等。同时每种语言的语音形式都是有限的，要用这有限的语音形式表达无限的内容，这就必然带来音同或音近而意义不同的现象，给听带来了麻烦。比如，现代汉语共有408个音节形式，假定每个音节都有四声（事实并非如此），再加上轻声、儿化音等变化，音节总数也不过两千个。像石油—食油，舌头—蛇头，洗澡—洗枣，市场—试场，娇气—骄气，期中—期终，琵琶—枇杷，等等，语音形式相同而意义却毫不相干。有时音高、音长、音强、音质不同，即使是同一的语音形式所表达的意义也不一样，这些听话人都要仔细辨别。

---

① 章志光. 心理学 [M]. 北京：人民教育出版社，2002.

（2）快速抢记能力。听话听的是语音，语音从传入耳朵到消失，经物理实验测试仅存 0.4 秒。因此，听话就要快速逮住语音信息，绝不能"这个耳朵进，那个耳朵出"，而要抢记声音信息。否则，话语的声音随着话语的结束也就消失了。听话交际中，好像耳朵有无数只钩子，边听边记，钩子将信息紧紧钩住。听话中的记忆与理解紧密相连，只有边听边理解，有声信息才能在意义中固定下来。

（3）理解语义能力。听话，就是为了弄懂说话的意思，把有声语言与承载的语义结合起来，达到准确理解。理解语义能力是听知能力的核心。这种理解不是消极的语音形式的翻译，而是包含有听者的联想、推测，还兼有对说话意图、情感色彩的揣度。"锣鼓听声，说话听音"，听知理解从深层来看，还包括言外之意、话语间空白的填充及话语的品味鉴赏等。在听话理解中，听话人根据说话人的脉络，随时归纳要点，组合语意，筛选淘汰，披沙拣金，剔除话语中的水分，摄取话语的中心，保留有用的言语信息。

（4）语感能力。听话要凭语感，借语感帮助接受信息、理解意义。语感是对语言的一种敏锐直接的领悟力。听话中，听者有对言语的感悟力、丰富的理解力，一听到话语，用不着判断、推理，不假思索，就能凭直觉领悟语言中的通畅感、分寸感和情味感等，进而理解其义。例如，电视剧《红楼梦》"黛玉焚诗"一场，叠映的一组镜头就是：贾府上下忙忙碌碌，张灯结彩，贾宝玉喜气洋洋准备完婚。另一边潇湘馆内冷冷清清，凄凄惨惨，林黛玉躺在床上病容憔悴，倦怠无力而又气恼地焚烧着自己的诗稿，口中喊道："宝玉，你好——"就伤心流泪说不下去了。听了这话，我们知道黛玉绝没有夸奖宝玉的意思，也没有问候宝玉的意思，而是领悟到她对宝玉绝情的责备：宝玉，你好狠心哪！你好无情无义呀！你好叫我伤心啊！宝玉，你害得我好苦哇！……这些话外之音、言外之意就是靠语感获得的。一个语感能力强的人，当话语作用于他的感官时，就会迅速地捕捉住语音信息，敏锐地感知，进而辨别意义、差别、正误、情味等，理解话语中的内蕴和微妙。可见，语感能力是听话交际过程中一种重要能力。

以上四种能力，构成了听话交际中的主要的心理因素，辨别语音能力是听话交际的前提，不能辨音便不能听；快速抢记能力是听话交际的基础，记住了语音理解才有可能；理解语义能力是听话的核心，听话而不理解其义，就等于是白听；

语感能力是听的综合能力，能提高听的层次和水平。如果能从这四个方面去培养学生的听知能力，就能从听知心理上完善学生的心理发展。

2. 听话交际的练习

关于听话交际的训练，2000年3月国家教育部颁布的《九年义务教育全日制初级中学语文教学大纲》（试用修订版）有明确规定："耐心专注地倾听，了解对方的意思，领会意图，抓住中心和要点。"听话交际训练就要围绕这个标准进行，但要注意三点。

第一，训练听话的态度。"耐心专注地听"，这是对听话的态度的要求。耐心，是听别人把话讲完，态度诚恳。在听话的过程中，如果心浮气躁，随便插嘴，甚至盛气凌人，剥夺别人的发言权，这种听话的态度是错误的。专注，是指听话注意力高度集中，唯说话人是听，思想不开小差，也不左顾右盼，态度诚挚。倾听，是仔细地听，认真地听，声声入耳，句句人心，态度诚敬。诚恳、诚挚而诚敬，这才是听话的正确的态度。态度问题解决了，才能保证听话交际活动的正常进行。同时，这也是人的自我修养的重要内容。在人与人之间的往来接触中，听别人讲话是经常发生的，如果有"耐心专注地倾听"的态度，就能表明听者对说话者的尊重和礼貌，表现自己的教养和文明行为。中学生年纪小，自制力较差，在听话交际中，常常听了一点，后面的内容就不想听了，自以为是，因此对学生听话态度的训练很有必要。在训练中要排除听话的消极心理因素，如抵触心理、场合心理，激励他们的求知心理，培养他们良好的注意状态、情感状态和定势状态，运用学生的跳跃心理，集中—分散—集中，使听话态度始终保持最佳状态。

第二，训练对听话内容的理解。理解是听话的目的，在理解中既要把语音和语义结合起来，又要提取话语中的意思。对听话内容的理解，有不同的情况：与人交谈，听话要了解别人的意思；听新闻广播、读报以及听取一般性的发言，要能抓住所听内容的中心和要点；参加讨论会，对不同的发言能听出分歧所在；听课、听报告，能根据需要做出记录，把握其主要内容；听读不同文体的文章，能分清记叙、说明、议论等，理解了听话的内容，听话的目的也就达到了。

第三，训练听话的方式多种多样。生活是丰富多彩的，听话交际的方式也是多样的，训练的方式也应该多样。这既能使学生不感到单调乏味，也能让学生在各种不同的听话实践中，学习听话技能，增长听知能力。常见的方式有：

听课训练。这是最基本的一种听话训练。要求学生听课聚精会神，听得懂，抓得住中心；跟得上，记得住要点，教师上课的重要信息不至于丢失。听老师提问，能抓住提问的要求，明确提问的意图，从而有的放矢地答问。听同学们回答问题，能辨别正误，判断是非。能够听好课，学习就主动了。

听写训练。一是听音练习，指运用文字符号迅速地把话语记录下来的技能训练。它可提高学生在听音方面的灵敏度、准确度、辨析度，培养他们的注意力、反应力及书写速度。常用的方法是听写词语、句子、段落，有时还可以听写短篇的文章。二是根据听写的材料进行写作训练。它要求边听边记，对听来的材料进行创新处理，或改写、缩写、扩写，或续写，增补有关情节，或依材料写读后感、评论等。其中听音响作文，是培养学生发挥想象能力创新作文的极好手段。

听赏训练。指对听觉感知的材料进行欣赏的训练。教学中，对形象性较强的故事、神话、寓言、小说、诗歌、散文等作品，通过范读或录音朗诵，让学生沉浸其中，进入文章的情景，发挥联想和想象，领略其中的艺术魅力，提高鉴赏能力。在课外活动中，可指导学生听赏音乐、戏曲等，让学生揣摩其中的意义，赏心愉神，陶冶性情。

此外，还有听述训练、听辨训练、听测训练、听知组合训练等，灵活运用多种形式，有目的、有计划地训练学生的听知能力。

（二）说话交际的训练

1.说话交际的心理因素

说话交际能力是一种综合性的能力。它不只是说话的技能技巧，而且也包括说话者的心智水平。一个人的文化修养、知识水平、阅历经验、思想品德涵养等都对说话交际能力及水平产生深刻影响，表现出谈话内容的层次以及文明的程度。就心智因素来看，人的思维活动包括观察、记忆、联想、想象等，以及思维品质，包括思维的敏捷性、灵活性、逻辑性、独特性、批判性、创新性等都直接影响人的说话。思维清晰，说话就清晰；思维混乱，说话就前言不搭后语。所谓"言为心声"，就是这个意思。从话语的生成过程来看，说话交际能力构成的心理因素主要是：

（1）内部言语的组织力。要把话说好，得先想后说，先有内部言语，后才有外部言语。因此，内部言语的组织力是至关重要的。内部言语产生于大脑的左半球靠近额叶前方，负责组织有意义的语言次序。在这组织的过程中，大脑迅速解决为什么说、说什么和怎样说的问题。当大脑感知到外界事物或听到别人说话所得到的信息产生说话动机后，立即传给左脑加工处理，分析、综合、归纳、推理，或提取，或淘汰，或爆发新的认识与奇想，这就生成了第二信号的内部言语，产生了一个个"语点"，繁衍成连续的线性"语脉"，即说话人的思路，理出了头绪，牵出了说话人一连串的话语。

事实证明，内部言语组织得越快，说话的速度就快，说话就畅达、连贯。说话中有意停顿运用少，口头禅就少，反之，说话就慢，结结巴巴，语无伦次，就用"嗯""这个""那个""反正""然而""然后"等口头禅来拖延思考的时间。内部言语组织得清楚明白，说话就有条有理，给人清晰的印象；反过来，说话就糊里糊涂，给人不知所云的印象。所以，内部言语的组织力是说话交际能力的第一要素。

（2）言语快速的编码力。这是继内部言语产生后的一种言语能力，它是根据左脑提供的语言材料迅速地搜寻到恰当的词语、句式等并反映出来的能力。主体说话时将内部言语转换为外部言语，就是将自己要表达的意思迅速编码，使其成为按一定语法规则组成的言语系列。这种编码是瞬息完成的，它既要符合表达的内容，又要符合表达场景的需要；既要符合语言约定俗成的规则，又要符合语体的需要，等等，要做出恰当的表达没有快速编码的能力是不行的。生活中，常见有些人无法用语言来表达自己的意思时，感到十分痛苦，有的急得抓耳挠腮，有的气得捶胸顿足，有的把衣服撕破了来帮助表达，等等，这种现象叫作"语言痛苦"。19世纪俄国诗人纳德松说："世上没有比语言的痛苦更强烈的痛苦。"产生这种语言痛苦的原因虽然有不少，但主要原因是说话人缺乏语言快速编码能力。这些人多是在极短时间内，不能迅速根据"语点"选择准确的词语、句式、熟悉的语法规则，组成言语系列来表达自己的意思。可见，语言快速编码的能力依赖两条：一是储备充足的语言材料，包括词汇、句子以及言语组块，需要时可自由提取。二是掌握语法规则，能在任何情况下，使自己的言语表达符合语法要求。

具备了这两条，语言快速编码力就强，一句一句，语脉如流，汩汩而出，喷涌不断，说话就能达到交际交流的目的。

（3）运用语音的能力。说话是通过声波形式将语音送到听者的耳鼓，形成言语交际。语音是语义的物质载体，语音能力不行，就无法传递话语。在说话过程中，内部言语组织得好，语言快速编码能力就强，如果不善用语音把内部言语变为外部言语表达出来，所想的意思即使再好，充其量只是一种心理活动。说话和语音是紧密地联系在一起的，运用语音能力是说话能力的关键因素。

语音能力包括音质（发音质地，如普通话和方言，就是两种质地的语音）、音调（发音的高低粗细）、音律（说话的声音节奏）、音力（说话的声音力度）等方面的因素。说话的语音能力强，指能用标准的普通话讲话，悦耳动听；语调抑扬顿挫，扣人心弦；语速快慢适中，适应听者的听力要求；语量控制变化适度，恰当表情达意。总之，要用好语音准确表达说话内容，收到说话交际的良好效果。

以上这三种能力构成了说话交际的主要心理因素，此外还有运用表情、态势语等，对说话交际具有重要的辅助作用。

2. 说话交际的练习

对学生的说话交际进行训练，如水银坠地无孔不入，要给学生提供更多的机会，训练的方法也应该多样化、灵活化。在操作上，主要是四个结合。

（1）说话交际训练与阅读教学结合。阅读教学是语文教学的重要组成部分，通过阅读教学进行说话交际训练是一条重要途径。课文是学生学习语文的根本，也是学习说话的范本。结合阅读教学进行朗读、背诵的训练，以读学说；进行口头简要复述、综合复述、详细复述、创造性复述（如改变人称、顺序、体裁、结构、语体等）的训练。以教材内容学说，这既给学生说话"开源"，打开他们的"话匣子"，又帮助学生深入理解课文。

（2）说话交际训练与思维训练相结合。思维和语言的关系密不可分。课堂教学中，教师与学生之间围绕着对课文的学习、理解、运用、评价等进行多种联系和交际，把说话交际训练与思维训练结合起来。结合教学内容，或者打开他们记忆的闸门，让他们产生联想；或者设疑问难，让他们能说会道，说出其所以然；或者引导学生讨论，各抒己见，颇有"我不说谁能说"的感觉；或者激起学生想象，爆发创造性思维的火花，等等，指导学生进行形式多样的说话训练，如口头造句、联词表达、描述说话、想象说话、抒情说话、回答问题、即兴说话、感想说话、依文仿述、文言串讲、感想体会，等等，让学生知无不言、言无不尽，说和想结合在一起，相互渗透，说话与思维水乳交融。

（3）说话交际训练与写作教学相结合。我国许多古典文学名著，如《水浒》《西游记》《三国演义》等，莫不是先由说书人口头流传，后经文人记述、整理、加工才写成巨著的。苏联作家高尔基写作前，也是先把写作内容讲给别人听，别人听后说好，他再写成作品。这说明说话与写作的天然联系，说话是口头写作，写作是笔头说话，殊途同归，实质上都是人的表达而已。

说话与写作结合主要有两种方式：一是先说后写，以说促写；二是写了再说，以写带说。

先说后写。这不仅让学生交流了审题、立意、选材、谋篇等方面的体会，让他们集思广益，以他人之长补己之短；而且能引爆自己的创作灵感、思维火花，扩展了思路，丰富写作内容，提高写作成效。

写了再说。这使说得到提高，使说更加严谨，语言生动，趋于规范，锻炼了口头表达能力，同时也促进了"写"，发挥"写"的作用。所以，说、写结合是培养学生运用语言表达能力的有效途径。

（4）说话交际训练与课外活动结合。开展丰富多彩的课外活动，给说话交际训练提供广阔天地。比如，进行诗歌朗诵、讲演比赛、讲故事、辩论、演戏、模拟法庭、看图解说、影视欣赏、听说综合训练等，都能激发学生说话的兴趣，提高其口头表达能力。

此外，还可以开设专门的说话课，有计划、有步骤地培养学生的说话能力，也可以适当利用早自习或语文课前的几分钟安排学生轮流讲话，内容自便，使说话交际训练经常化、生活化，真正落到实处。

三、口语交际教学

教育部于2001年颁布了《全日制义务教育语文课程标准（实验稿）》，其将语文课程的内容整合为五个方面，分别为识字写字、阅读、作文、综合性学习、口语交际。而将"听说"改为"口语交际"，开了我国五十余年语文教学的历史先河。下面首先对口语交际进行概述，然后具体介绍口语交际的语用规则，最后对口语交际的教学进行论述。

（一）口语交际概述

自 20 世纪 50 年代起，世界许多国家相继开展了母语课程改革运动。培养学生的口语能力成为美国、英国、日本、新加坡、德国等国家的母语课程的主要内容之一。下面以概念界定为基础，对口语交际的特点进行分析。

1. 概念界定

（1）口语

口语交际中的"口语"是指口头言语，即人的发音器官可以发出某种能够代表自己思想与情感的声音。

（2）口语交际

口语交际就是口头言语交际，是指人们通过有声语言传递信息、表达情感、交流思想的过程。

（3）口语交际能力

口语交际能力是指人们在人际交往和社会生活中形成的一种使用语言的能力，简单来讲，就是在什么时候、什么地方、对什么人、用哪种方式说什么话的能力。

口语交际能力包括以下几种参数，具体，如图 6-4-5 所示。

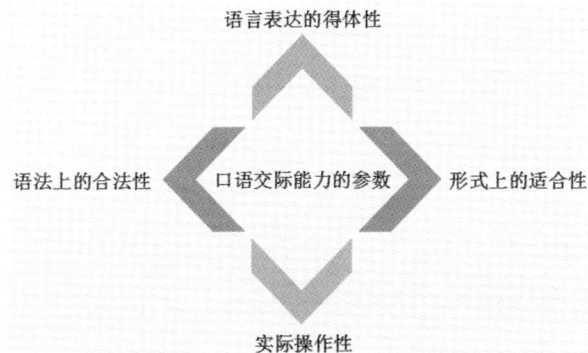

图 6-4-5　口语交际能力的参数

2. 口语交际的特点

听说能力是借助口头言语接受并表达信息的能力，而口语交际能力与其的区别在于，口语交际能力是对言语知识与交际技能的有机结合。具体来说，口语交际的特点主要包括以下几点。

（1）动态性

口语交际的动态性指的是口语交际不只是单向表述，还包括双向交流。学生在进行单向表述时要注意词句的组织，要言之有理，且要有意识地根据听话人的反应来调整话题。如果是双向交流，话题就要在双方的配合下逐渐向前推进。

（2）复合性

复合性主要表现在以下两个方面：从学生个体的角度来看，他们既是口语交际过程中的发话者，也可能是受话者；从言语行为的角度来看，完成口语交际需要语言、情感、思维、语境等多种系统的相互配合与协调。

（3）简散性

简散性中的"简"指用语简略，"散"指结构松散，在口语交际中特别是双向交流活动中，这两点十分明显。究其原因，一是因为交际者受时空限制而无法组织结构复杂的长句，二是因为交际双方在特定的情境中可以根据表情、体态、语境等理解说话人的意思。

（4）临场性

临场性即口语交际活动都是在特定的语言环境中、面对特定的对象进行的。因此，在进行口语交际时需要考虑两点：一是要根据具体的语境（如地点、时间、说话对象等）进行言语交流，所说的话要合乎分寸；二是在交流过程中，要根据不同的反馈信息采取不同的交际策略，如重复、猜测、解释、转换话题等。

（二）口语交际的语用规则

目前，口语交际使用频繁的语用规则有以下两个原则。

1. 合作原则

合作原则是美国语用学家格赖斯于 1967 年提出的，其提出了人们之间的交际要共同遵循四个原则：（1）质的原则，即说的话必须是真实、有根据的，不能是虚假或自相矛盾的;(2)量的原则,即说话人对听者所说的话的信息量要足够但又不超出;(3)方式原则,即说话人的话语要简洁明了;(4)关系原则,即说话人所说的话需紧扣话题且与交际意图紧密联系。

2. 礼貌原则

礼貌原则是英国语言学家利奇于1983年提出的,其是与合作原则相互补充的一个原则。利奇提出的礼貌原则主要包括六项内容,如图6-4-6所示。他认为人们在进行交际的过程中总会无意识地受到礼貌原则的影响。

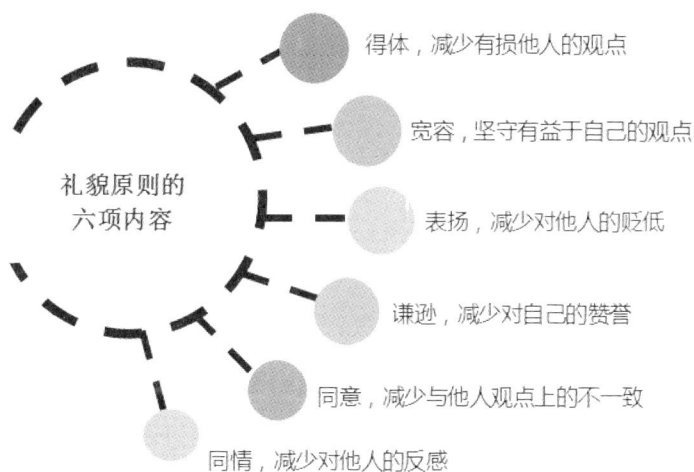

礼貌原则的六项内容

得体,减少有损他人的观点

宽容,坚守有益于自己的观点

表扬,减少对他人的贬低

谦逊,减少对自己的赞誉

同意,减少与他人观点上的不一致

同情,减少对他人的反感

图 6-4-6　礼貌原则的内容

(三)口语交际教学

口语交际是一种语言交际行为。下面先对口语交际的四种形式进行介绍,然后对口语交际与听说教学之间的差异进行论述。

1. 口语交际的形式

口语交际可细分为讲、述、谈、说四种形式,具体如下所述。

(1)讲

"讲"是一种比较正式的口语交际行为,其通常是有准备的、有听众的。讲的能力其实是成篇表达的能力,如讲课、演讲、新闻发布等,在讲的过程中讲话人要控制自己语言的起承转合,使话语片段之间保持联系与照应。从某种意义上来讲,讲的能力属于口语交际能力的最高层次。

（2）述

"述"即陈述、复述，它属于语言交际能力的第二个层次。其通常指的是说话人将一件事或一个道理清晰明了地陈述出来，从而将必要的信息传达给听众。培养陈述能力的一种有效手段就是复述。

（3）谈

"谈"即谈话、对话，它属于口语交际能力的第三个层次，但同时也是最重要的层次。因为谈中既包含讲、述，也包含说。在谈的过程中，交际双方会不断地在发话与受话的角色之间转换。另外，随着谈话对象、谈话场合的改变，交谈者需要适时调整谈话的内容、语调、仪态等，同时还要随时揣摩对方话语中的潜台词。

（4）说

"说"既可以理解为简单的重复，也可以是个人独白，属于一般的口语表达，是口语交际的第四个层次。说与讲、述、谈的不同之处就在于，讲、述、谈的过程中都存在听话人，是双向的交际行为；而说却不一定有听众，因为说既能说给别人听，也能说给自己听。

因此，口语交际学习必须正确区分听说与口语交际之间的差异，在掌握听说能力的基础上，学习语言交际能力。此外，还要注意口语交际语境的多样化和不同言语行为的能力层次，特别是"谈"这种口语交际行为。

2.口语交际教学与听说教学

口语交际教学与听说教学存在较大区别。具体如下所述。

（1）关注的重点不同

听说教学注重培养学生的语言能力，训练学生词语的选用和准确发音，使学生说的话符合语法规则。而口语交际教学更重视培养学生的语境适应能力，注重学生根据交际的对象、场合、情境等，抓住话语主题，推理判断他人的观点、立场与意图，然后通过合适的口头与体态语言解决交际中的问题，从而达到自己的交际目的。

（2）学习活动的凭借不同

听说教学能够借助非交际活动进行，而口语交际教学必须借助交际活动开展。

只有当交际双方处于互动的状态时，才能产生真正的口语交际。两者的不同之处在于：①学生有没有交际的愿望与目的；②关注的重点是内容还是形式；③对教材的依赖程度；④教师的干预有多少。

参考文献

[1] 徐林祥，郑昀 . 语文美育学 [M]. 南宁：广西教育出版社，2018.

[2] 金业文 . 反思与建构：中国语文教育现代性研究 [M]. 合肥：中国科学技术大学出版社，2014.

[3] 魏本亚 . 语文教育评价 [M]. 上海：华东师范大学出版社，2012.

[4] 张中原，王荣生，周庆元 . 语文教育研究方法 [M]. 上海：华东师范大学出版社，2010.

[5] "中小学校课程资源开发的研究与实验"课题组 . 校本课程资源开发指南 [M]. 北京：人民教育出版社，2004.

[6] 田瑞云，刘永慧 . 语文教育行为论 [M]. 青岛：青岛海洋大学出版社，2002.

[7] 陈玉琨 . 教育评价学 [M]. 北京：人民教育出版社，1999.

[8] 拉伯雷 . 巨人传 [M]. 鲍文蔚，译 . 北京：人民文学出版社，2019.

[9][英] 泰勒 . 原始文化：神话、哲学、宗教、语言、艺术和习俗发展之研究 [M]. 连树声译 . 上海：上海文艺出版社，1992.

[10] 刘畅红 . 审美教育在小学语文朗读教学中的应用策略研究 [D]. 大连：辽宁师范大学，2021.

[11] 陈倩倩 . 新课标背景下高中语文审美教育评价研究 [D]. 天水：天水师范学院，2020.

[12] 王丽婷 . 新教育视域下小学语文教师专业发展研究 [D]. 青岛：青岛大学，2019.

[13] 邓开武 . 中学语文教学中的人文素养教育探赜 [J]. 成才之路，2021（22）：74-75.

[14] 阎晓宏 . 积极性评价在小学语文教育教学中的可行性探究 [J]. 科普童话，
    2020（26）：161.

[15] 周正逵 . 新时代语文教育改革大发展的创新之路 [J]. 中国教育科学 (中英
    文)，2020，3（06）：3-11.

[16] 顾之川 . 新中国语文教育七十年 [J]. 语言战略研究，2019，4（04）：38-48.

[17] 郑桂华 . 从我国语文课程的百年演进逻辑看语文核心素养的价值期待 [J]. 全
    球教育展望，2018，47（09）：3-16.

[18] 顾之川 . 迎接语文教育新时代 [J]. 课程 . 教材 . 教法，2018，38（06）：4-8.

[19] 张心科 . 论语文核心素养及语文教育改革 [J]. 河北师范大学学报 (教育科学
    版)，2017，19（05）：100-104.

[20] 杨若男 . 语文核心素养研究 [D]. 石家庄 . 河北师范大学，2017.

[21] 马进 . 教育与存在：语文教育的存在论阐释 [D]. 长沙：湖南师范大学，
    2016.

[22] 陈铭 . 当代语文教育名家的课堂提问艺术研究 [D]. 大连：辽宁师范大学，
    2016.

[23] 刘铁芳 . 重申语文教育的立人使命 [J]. 高等教育研究，2015，36（04）：15-
    20.

[24] 张福贵 . 大学语文教育的学科定位与功能特性 [J]. 中国大学教学，2014（01）：
    48-51+69.

[25] 冯现冬 . 语文唤醒教育研究 [D]. 济南：山东师范大学，2013.

[26] 李功连 . 语文教学中的语言训练研究 [D]. 长沙：湖南师范大学，2013.

[27] 袁彬 . 试论语文教师教育的当代转型 [D]. 上海：华东师范大学，2013.

[28] 耿红卫 . 新课程：语文教育问题与对策研究 [M]. 北京：新华出版社，2016.

[29] 杨泉良 . 语文教学的当下视野 [M]. 广州：暨南大学出版社，2012.

[30] 刘飞 . 语文核心素养与课堂教学实践 [M]. 南京：南京大学出版社，2019.